中学历史

学科育人的实践与探索

范德新 著

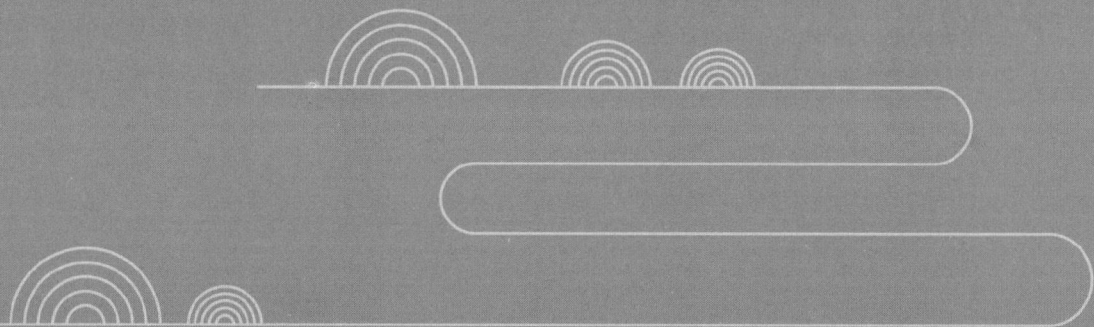

辽宁人民出版社

© 范德新　2024

图书在版编目（CIP）数据

中学历史学科育人的实践与探索 / 范德新著.
沈阳：辽宁人民出版社，2024. 7. -- ISBN 978-7-205
-11217-2

I. G633.512

中国国家版本馆CIP数据核字第2024BU0381号

出版发行：辽宁人民出版社
　　　　　地址：沈阳市和平区十一纬路25号　　邮编：110003
　　　　　电话：024-23284325（邮购）　024-23284300（发行部）
　　　　　http://www.lnpph.com.cn
印　　　刷：辽宁新华印务有限公司
幅面尺寸：170mm×240mm
印　　张：14
字　　数：152千字
出版时间：2024年7月第1版
印刷时间：2024年7月第1次印刷
责任编辑：高　丹
封面设计：金石点点
版式设计：小　鹿
责任校对：郑　佳
标准书号：ISBN 978-7-205-11217-2

定　　价：68.00元

前言

历史学科育人实践：深化理解与塑造未来

历史学科育人实践是一种深远的教育理念，它强调通过学科教学，培养学生的综合素质，提高学生的思维能力，塑造学生的人格特质。历史学科育人实践的重要性在于，它不仅传授知识，更重要的是使学生通过对历史的学习，理解人类社会的发展脉络，从而培养历史观和世界观。

历史学科育人实践能够培养学生的历史观、世界观、思维能力，塑造学生的人格特质。历史是人类社会发展的记录，是人类文明进步的见证。通过学习历史，学生可以理解人类社会的发展规律，认识到历史的连续性和发展性，从而形成正确的历史观。这对于他们理解现实、预测未来具有重要的指导意义。

中学历史教学的任务包括使学生掌握历史知识、培养学生的智能和对学生进行思想教育三个方面，这三个方面是一个有机的整体。传统的历史教学在凯洛夫教育理论的影响下，把使学生掌握系统的历史知识作为宗旨。虽然学生学习、运用历史知识的能力必须以坚实的历史基础知识为根基，但是传统的历史教学方式并未重视对学生能力的培养，特别

1

是没有重视对学生的自学能力、历史思维能力、表达能力、自我教育能力的培养。

历史涵盖了各个国家和地区、各个民族和文化。通过学习历史，学生可以开阔视野，增强对世界多元文化的理解，从而形成开放包容的世界观。

历史研究需要分析和解释大量的历史资料，需要对历史事件进行深入的思考和理解。这种学习过程可以锻炼学生的思维能力，提高他们分析和解决问题的能力。

历史是人类的故事，是人性的展现。通过学习历史，学生可以理解人性的复杂性和多样性，可以认识到人性的善良和美好，也可以看到人性的弱点和缺点。通过学习历史，理解人性，有助于学生形成正确的价值观，塑造人格特质。

总的来说，历史学科育人实践是一种全面的教育方式，它通过历史的学习，培养学生的历史观和世界观，提高他们的思维能力，塑造他们的人格特质。这种教育方式对于学生的个人成长和社会发展具有重要的意义。

在历史教学中，加强学科之间的联系，发挥教学的整体功能，已成为教学改革的重要方面。历史学科内容极其丰富，涉及社会生活现象的各个领域和自然现象的一部分，因而学习历史，也有利于学习其他学科。

在本书中，我们首先强调了历史教学的连贯性和有效性。教师应该明确历史教学的核心内容和目标，并将其融入教学设计和实践中。教师应注重历史教学过程的连贯性和关键环节，进一步促进学生的全面发展，提高学生的历史思维能力和综合素养。

本书强调了有机结合内容科学设定达成路径的重要性。教师应该将历史学科的内容与学生的实际生活经验相结合，通过引入具体的案例、故事或实例，激发学生的学习兴趣和好奇心。同时，根据学生的认知水平和学习需求，教师应合理设定学习目标和学习路径，帮助学生深入理解历史知识并将其应用于实际生活中。

本书还介绍了优化观点教学和运用结构板书助力目标内化的方法。教师可以通过引导学生从多个角度去理解历史事件和人物，激发他们的思考和讨论，进而培养学生的历史意识和批判思维能力。同时，通过运用结构板书，教师可以帮助学生更好地理解和内化学科的目标意识，建立起系统的学科认知。

本书还谈到指引史学思想方法和细节体察历史主体的原生态的重要性。通过运用史学思想方法，教师可以培养学生对历史的兴趣和热爱，提高他们的历史思维能力和分析能力。通过细节体察历史主体的原生态，教师可以帮助学生更加真实地感受到历史的氛围和背景，从而更好地理解历史的本原。

在本书中，我们希望为中学历史教师提供一些有益的教学思路和方法，帮助他们提高教学效果，培养学生的历史意识和思维能力。我们相信，通过共同努力，我们可以为学生的历史学习作出更大的贡献。

目录

第一章
中学历史学科育人实践的基本原则

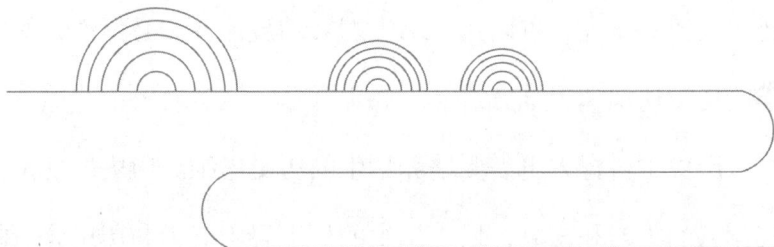

第一节　把握育人内涵

在探讨中学历史学科育人实践的基本原则时，无法忽视的环节是如何准确把握育人的内涵，以学科本体为立足点，通过多元化的视野，进行育人。准确把握历史学科育人的内涵，就是对历史学科育人的本质和特点进行深入理解和把握。历史学科作为一门人文社会科学，其内涵包括历史事实、历史规律、历史思维和历史方法等方面。

准确把握历史学科育人的内涵需要对历史事实进行全面而准确地了解。历史事实是历史学科的基础，包括历史事件、历史人物、历史地理等方面的内容。学生只有通过对历史事实的深入研究和了解，才能真正理解历史学科的本质。

历史教学需要对历史规律进行深入研究。历史规律是历史学科的核心，包括历史发展的客观规律和历史变迁的一般规律。历史学科通过对历史规律的研究，可以揭示历史发展的规律性和必然性，使学生掌握科学的历史认识和思维方式。

历史学科育人更需要培养学生的历史思维。历史思维是指通过对历史学科的学习和研究，培养学生的历史思考能力和历史分析能力。通过对历史思维的培养，学生可以更好地理解历史事件背后的原因和影响，形成独立思考和批判性思维的能力。

准确把握历史学科育人的内涵还需要掌握历史方法。历史方法是指通过历史学科的研究和实践，运用科学的方法和手段研究与分析历史问题。通过掌握历史方法，学生可以进行历史资料的收集和整理，进行历史事件的分析和解读，提高历史学科的研究和实践能力。

通过对历史学科的本质和特点进行深入理解和把握，学生能够掌握科学的历史认识和思维方式，培养历史思考能力和历史分析能力，提高历史学科的研究和实践能力。

《历史课标》规定，要"培养学生正确的历史观，进而使学生学会辩证地观察、分析历史与现实生活——从历史中汲取智慧"，要"学习运用历史的眼光来分析历史与现实的问题，培养对历史的理解力"。因此历史教学要让学生真切地感受到历史所蕴含的思想，能从中获得启迪与感悟，从而能够更好地解决现实问题。

由此，我们可以给历史学科育人的价值进行定位，将其总结为"求真、求通、立德"三个层面，其强调了追求真理、追求通识教育和树立道德品质的重要性。在中学历史学科的教育中，这三个层面主要包括以下方面的理论探索。

求真：在历史学科教育中，"求真"是指追求对历史事件的真实理解和解读。这不仅包括对事实的准确记忆，也包括对历史事件背后的原因、影响和意义的深入理解。为了实现这一目标，教师需要教导学生如何进行批判性思考，如何从多元的视角去看待历史，如何区分事实和观点，如何对历史资料进行分析和解读。同时，教师也需要引导学生对历史事件进行深入的研究和探讨，以提高他们的历史研究能力和历史思维能力。

求通：在历史学科教育中，"求通"是指追求对历史知识的广泛理解和应用。这意味着历史教育不仅仅是记忆历史事实，更是理解历史的过程和方法，理解历史与其他学科的关联，理解历史对现在和未来的影响。为了实现这一目标，教师需要设计跨学科的教学活动，引导学生从历史中学习其他学科的知识，如政治、经济、文化、科技等。同时，教师也需要引导学生从历史中提炼出对现在和未来的启示，以提高他们的历史应用能力和历史意识。因此，历史教育应该以追求通识教育为目标，帮助学生建立跨学科的知识体系，理解历史与其他学科的关联，以及历史对现在和未来的影响。

立德：在历史学科教育中，"立德"是指通过学习历史来培养学生的道德品质和价值观，其主要包括对人类社会的道德规范和价值观的理解，对历史人物和事件的道德评价，对历史错误的反思和吸取教训等。为了实现这一目标，教师需要引导学生从历史事件中提炼出道德教育的内容，如正义、公平、诚实、勇敢、爱国等。同时，教师也需要引导学生对历史事件进行道德反思，以培养他们的道德判断能力和道德责任感。学生可以通过学习历史了解到人类社会的道德规范和价值观的演变，从而树立正确的道德观念和价值观。教师还应该引导学生从历史事件中提炼出道德教育方面的内容，以培养他们的道德品质。

　　总的来说，"求真、求通、立德"的理念为中学历史学科的教育提供了一个全面的理论框架，它强调了历史教育的真实性、广泛性和道德性，为培养具有历史素养和道德品质的公民提供了指导，"求真、求通、立德"的理念为中学历史学科的教育提供一个全面的理论框架，可以帮助教师更好地进行教学活动，培养学生的历史素养和道德品质。

第二节　立足学科本体

　　历史学科作为一门人文社会科学，其研究对象是人类社会的历史发展过程，包括人类社会的各个方面和各个历史时期。在育人实践中，教师要深入理解历史学科的核心概念、基本原理和研究方法，以及历史学科的学科特点和学科价值。

　　立足学科本体要明确历史学科的核心概念和基本原理。历史学科的核心概念包括历史、历史观、历史唯物主义等，这些概念是理解历史学科的基础。历史学科的基本原理包括历史的客观性、历史的发展性、历史的多样性等，这些原理是历史学科研究的基本准则。

　　立足学科本体还要掌握历史学科的研究方法。历史学科的研究方法包括文献研究、实地考察、比较研究、综合分析等，这些方法是历史学家进行历史研究和教师进行历史教学的重要工具。通过熟练掌握这些方法，教师可以更好地开展历史学科的研究和教学工作。

　　立足学科本体更要认识到历史学科的学科特点和学科价值。历史学科具有多学科交叉性、综合性和人文关怀性的特点，它不仅关注历史事件和历史事实的描述，更重要的是通过对历史的研究和思考，培养学生的历史思维能力、批判性思维能力和人文素养，使学生能够更好地理解和把握人类社会的发展规律，将来能够更好地为社会的进步和发展作出贡献。

立足学科本体是历史学科育人实践的基本原则之一。教师通过深入理解历史学科的本质和特点，掌握历史学科的核心概念、基本原理和研究方法，以及认识到历史学科的学科特点和学科价值，可以更好地开展历史学科的教学工作，培养学生的历史思维能力和人文素养，为他们的成长和发展提供有力支持。

探索历史本源，培养求真意识

探索历史本源，是指通过深入研究历史文献、考古发现和口述传统等多种历史资料，探寻历史事件的起源、发展和影响，以及历史人物的思想、行为和动机等方面的真相。这种探索历史本源的过程，不仅可以帮助学生了解历史事件的来龙去脉，还可以培养他们对历史真相的敏感性和求真意识。

培养求真意识，是指通过历史学科的学习和实践活动，引导学生对历史事件和历史人物进行深入思考和批判性分析，培养他们对历史真相的追求和质疑精神。在学习历史的过程中，学生应该学会辨别历史资料的真实性和可靠性，了解历史事件的多重解释和评价，以及历史人物的多面性和复杂性。通过培养求真意识，学生可以更好地理解历史的本质和意义，同时能够培养批判性思维和创新能力。

探索历史本源和培养求真意识，是指学生在教师的指导下，学会搜集史料，鉴别、分析史料，解释历史的一种教学方法。学生积极主动参与这样的学习过程，亲身经历体验，自己建构知识，不仅能获取知识、提高能力、掌握方法，而且有助于情感态度价值观的培养和道德素养的提升。因此，作为历史教师，不仅要充分认识史料运用的必要性，还要思考如何有效地运用史料开展课堂教学，培养学生的证据意识，这是历史学习的关键。

探索历史本源和培养求真意识是密切相关的。通过深入探索历史本源，学生可以更加全面地了解历史事件和历史人物，从而培养对历史真相的敏感性和求真意识。同时，培养求真意识也可以促使学生更加主动地去探索历史本源，深入挖掘历史事件和历史人物背后的真相，从而形成对历史的深入理解和独立思考的能力。通过探索历史本源和培养求真意识，学生在历史学科的学习中能够获得更加全面和深入的收获，同时能够为以后的人生发展奠定坚实的基础。

尊重唯物史观，培养历史意识

尊重唯物史观是中学历史学科育人实践的基本原则之一。尊重唯物史观，有利于培养学生的历史意识。历史意识是指学生对历史事件、人物和社会发展的认知和理解能力。在教学中，教师可以通过以下方式来培养学生的历史意识。

1.引导学生理解历史的客观性。历史是客观存在的，不受个人主观意识的影响。教师可以通过讲述历史事件的真实发生过程和相关的历史文献，让学生认识到历史的客观性，避免主观臆断和片面理解。

2. 培养学生的历史思维能力。历史思维是指学生通过对历史事件的分析、比较和推理，形成对历史问题的独立思考和判断能力。教师可以通过提供不同的历史案例和问题，引导学生进行历史思维的训练，培养他们的批判性思维和逻辑思维能力。

3. 培养学生的历史情感和价值观。历史不仅仅是一堆事实和数据的堆砌，更是一段段人类的经历和命运的折射。教师可以通过讲述历史人物的故事和历史事件的背景，引发学生对历史的情感共鸣，培养他们对历史的热爱和敬畏之情。同时，教师也要引导学生从历史中汲取智慧和价值观，培养他们正确的历史观和人生观。

在历史叙述和历史理解中，做到"论从史出，史论结合"，让学生分清"历史事实"与"历史结论"是"历史解释"的前提。所以在教学设计中，教师要让学生明确本节课有哪些历史事实，这些事实有什么影响或作用，我们又该如何去评价。如针对《第二次世界大战》一课，教师就可以提问：本课内容有几个子目？哪些是历史事实？哪些是历史结论？教师设计问题，学生对问题进行总结归纳，对历史事件做出解释，所以"历史解释"可归纳、可演绎。在历史叙述中，能够表达对历史事件、历史人物的看法，做出正确评价；在解释结论中，能够从历史的角度，客观地、辩证地对历史事件或人物做出科学的评价。

	《第二次世界大战》教学设计
教学目标	一、知识与能力 　　了解德国突袭波兰、进攻苏联，日本偷袭珍珠港等导致第二次世界大战全面爆发和逐步扩大的重要事件，了解国际反法西斯同盟的建立及其作用。 　　二、过程与方法 　　辅导学生搜集与本课程相关的第二次世界大战资料，对历史信息进行客观分析，并熟练掌握自主学习、合作学习以及探究学习等学习方法。 　　三、情感态度价值观 　　通过教育引导，使学生深刻理解全球人民团结奋斗的重要性，并对和平与发展这一永恒主题产生共鸣和认同感。
教学重点	第二次世界大战全面爆发；世界反法西斯同盟的建立；斯大林格勒战役；雅尔塔会议。
教学难点	第二次世界大战的性质和影响。
教学过程	一、导入新课 　　1939年9月1日，德国对波兰发动了突然进攻，此举导致波兰在不到一个月的时间内被击败。面对这一突如其来的事态发展，波兰的盟国英国和法国于9月3日被迫对德国宣战，由此引发了全球范围内的第二次世界大战。那么，这场战争的起因何在？其结果又是怎样的呢？这场战争又给世界带来了哪些深远的影响呢？

续表

	《第二次世界大战》教学设计
教学过程	二、讲授新课 （一）第二次世界大战的爆发及主要战场 1. 第二次世界大战全面爆发 时间：1939年9月1日 标志：德国突袭波兰 2. 德国进攻苏联 时间：1941年6月 地点：北起波罗的海、南至黑海的1500多千米的战线上 方式：分三路突袭苏联 影响：第二次世界大战扩大，苏联卫国战争开始。 结果：苏军连连失利，西部国土大片沦陷。 （在这场具有重大历史意义的战役中，苏联军队凭借着顽强的战斗精神和出色的战术策划，成功地抵挡了德国法西斯军队的猛烈进攻，最终取得了胜利。 这场战役的胜利不仅打破了德国军队不可战胜的神话，也极大地振奋了苏联人民的斗志和信心。同时，这场战役的胜利也在全球范围内激励了世界人民对于战胜法西斯军队的信心和决心。莫斯科保卫战的胜利是苏联人民和世界人民取得反法西斯战争胜利的重要里程碑，对于世界和平与发展具有深远的影响。） 3. 日本偷袭珍珠港 ①日本与英、美矛盾激化 ②日本偷袭珍珠港 时间：1941年12月7日 标志：太平洋战争爆发，第二次世界大战达到最大规模。

续表

	《第二次世界大战》教学设计
教学过程	（二）世界反法西斯同盟的建立及战争形势的转折 1.《联合国家宣言》发表 1942年1月，美、英、苏、中等26个国家在华盛顿签署了《联合国家宣言》，这一事件标志着世界反法西斯同盟的正式形成。 2. 斯大林格勒战役 1942年7月，德国集中兵力对苏联的重要战略地点斯大林格勒进行了攻击。面对这种攻击，苏联人民展示出了顽强的抵抗精神，并于次年的2月成功地击败了德国军队。斯大林格勒战役的失败对德国法西斯造成了致命的打击，它不仅在苏德战争中，更在第二次世界大战中成为关键的转折点。 3. 意大利投降 时间：1943年9月 4. 诺曼底登陆 时间：1944年6月 军队：以美、英为主的盟军 意义：开辟了欧洲第二战场，德国陷入东西两个战场的夹击之中。 （三）雅尔塔会议及战争结束 1. 雅尔塔会议 时间：1945年初 参加国：美、英、苏 主要内容：①制订了最后击败德国的计划，决定战后德国由苏、美、英等国分区占领；②苏联在欧战结束后3个月内参加对日作战；③讨论了组建联合国的有关问题。 2.《波茨坦公告》 时间：1945年7月 主要内容：促令日本立即无条件投降。

续表

	《第二次世界大战》教学设计
教学过程	3. 大战的结束 ①德国无条件投降 1945年5月8日，德国正式签署了无条件投降书，第二次世界大战在欧洲结束。 ②日本无条件投降 1945年8月15日，日本宣布无条件投降。9月2日，正式签署投降书。第二次世界大战最终结束。 （四）第二次世界大战的影响 1. 性质：是一场世界反法西斯战争。 2. 特点：是人类历史上规模最大、损失最惨重的一次战争。 3. 影响：第一，摧毁了法西斯主义，削弱了除美国以外的其他帝国主义国家，有利于民族解放运动和社会主义运动的发展。第二，大战期间先进科学技术的出现，为战后新科技革命的兴起奠定了基础。第三，战争教育了世界人民，追求和平、反对战争成为人们的普遍愿望。 三、课堂小结 1939年，德国对波兰发动进攻，标志着第二次世界大战的开始。战争初期，德国在某些方面具有一定优势，并迅速占领了西欧大陆的广大区域，法国被迫投降，英国则撤退至本土防守。1941年6月，德国再次发动进攻，目标对准了苏联；同年12月，日本对珍珠港进行了偷袭，进一步扩大了第二次世界大战的规模。随着更多国家如苏联和美国的参与，世界反法西斯同盟的力量逐渐联合起来，这个同盟的形成加速了世界反法西斯战争的胜利。1942年夏季，中途岛海战、阿拉曼战役以及斯大林格勒战役中盟军的胜利转变了第二次世界大战的形势，局势开始对反法西斯国家有利。

续表

	《第二次世界大战》教学设计
教学过程	1943年，意大利投降，法西斯集团彻底瓦解。在开罗会议和德黑兰会议后，盟军在诺曼底进行了登陆作战，开辟了欧洲的第二战场。在世界反法西斯同盟的强力攻势下，德国和日本最终无条件投降。第二次世界大战以反法西斯同盟的胜利宣告结束。这次胜利对人类历史进程起到了推动作用，并在许多方面产生了深远的影响。 四、作业布置 完成课本中的课后活动部分。
板书设计	第二次世界大战 （一）第二次世界大战的爆发及主要战场 1. 第二次世界大战全面爆发：1939年9月1日，德国突袭波兰。 2. 德国进攻苏联：莫斯科保卫战。 3. 日本偷袭珍珠港：1941年12月7日，第二次世界大战达到最大规模。 （二）世界反法西斯同盟的建立及战争形势的转折 1.《联合国家宣言》发表：世界反法西斯同盟正式形成。 2. 斯大林格勒战役：第二次世界大战的转折点。 3. 意大利投降：1943年9月。 4. 诺曼底登陆：开辟欧洲第二战场。 （三）雅尔塔会议及战争结束 1. 雅尔塔会议：1945年初。 2.《波茨坦公告》：促令日本立即无条件投降。 3. 大战的结束：①德国无条件投降：1945年5月8日； 　　　　　　　　　②日本无条件投降：1945年8月15日。

续表

《第二次世界大战》教学设计	
板书设计	（四）第二次世界大战的影响 1.性质：是一场世界反法西斯战争。 2.特点：是人类历史上规模最大、损失最惨重的一次战争。 3.影响：

通过尊重唯物史观，教师可以有效地培养学生的历史意识，使他们能够更好地理解和把握历史，从而更好地面对未来的挑战和机遇。

通过历史人物，增强人文意识

历史人物是历史的见证者和推动者，他们的言行举止对于学生了解历史、理解历史事件具有重要意义。

历史人物的思想、行为和成就对后世产生深远的影响，他们的故事和经历能够激发人们的情感共鸣和思考。通过历史人物，学生可以了解历史、培养人文意识。

通过研究历史人物的生平和事迹，学生可以更加全面地了解历史背景、社会环境和时代变迁，从而更好地理解历史事件的来龙去脉。

人文意识是指对人类文化、历史、价值观念等方面的关注和理解，培养人文意识，可以提高个体的人文素养和综合素质。

通过关注历史人物，培养人文意识，通过深入研究历史人物的思想、行为和成就，学生能够更加敬重和理解人文价值，提高自身的人文素养和综合素质。

如教师设计讲授近代社会家国情怀方面的历史知识主要为反抗外来侵略，从三元里人民自发抗英到太平天国运动，再到义和团英勇抗击八国联军；从林则徐虎门销烟到关天培战虎门，再到邓世昌血染黄海，教师讲述这些为国家民族利益勇战沙场的历史事件时，以播放视频、讲解故事等形式直观展示。真实的历史事件仿佛就发生在昨天，鲜活的历史人物仿佛就在身边，教师设计的情境可以讲活历史，激发青年学子的爱国热情和民族意识，树立为中华民族伟大复兴而不懈奋斗的时代精神。

培养人文意识的方法有很多，教师可以推荐学生阅读历史人物的传记、研究历史人物的思想和成就、参观历史人物的故居和纪念馆等，这些都是培养人文意识的有效途径。

我们来看一下高中二年级关于"改革开放"的教学实录片段。

师：同学们，2023年是中华人民共和国成立74周年，也是改革开放45周年。今天，我们就一起聚焦改革开放45年来的艰辛与辉煌。

教师播放幻灯片。

师：我们将目光投向1978年安徽省的一个小山村。就在这一年的夏末，安徽省遭受了前所未有的旱灾。安徽省委第一书记万里对灾区进行了视察。当他走进一个村庄，看到摇摇欲坠的茅草房以及微弱的生活气息时，他进入了一户人家。让人感到奇怪的是，在炎炎夏日里，女主人和两个女儿居然盖着被子缩在屋角，只有男主人满脸尴尬地出来接待。公社干部心情沉重地向万里耳语说：他们全家只有一条破裤子！万里书记的眼睛湿润了！他哽咽着说："当年老区人民为革命做出了巨大牺牲，可今天还食不果腹、衣不遮体。解放都快30年了，没想到老百姓竟然穷到这种地步。"是啊，中华人民共和国成立近30年了，人民早已翻身做了国家的主人。然而，我们不禁要问，为什么在老区人民翻了身之后，他们仍然挣扎在贫困线的边缘？

师：那么，我们何时能够摒弃过时的思想观念，步入现代化建设的正确道路呢？自1978年开始，解放思想的春风吹散了笼罩在国人心头的迷雾，党的十一届三中全会的胜利召开，标志着"以阶级斗争为纲"的结束。中国特色社会主义的改革开放即将拉开序幕。那么，这一伟大征程将从何处展开呢？

师：我们将视线再次投向安徽省的这个小山村。在1978年11月24日晚上，安徽省凤阳县小岗村的村民们并没有像往常一样背井离乡去乞讨。相反，他们静静地聚集在村里的会计严立华的家中。这18位朴实善良的农民经过一整夜的痛苦思考和斗争后，在一份看似生死文书的土地承包书上签了字并画押。

（出示材料）

"我们分田到户，家家户户签字盖章，如以后能干，每户保证完成每户的全年上交的公粮，不再向国家伸手要钱要粮。如不成，我们干部坐牢杀头也甘心，大家保证把我们的小孩养活到18岁。"

师：我们应详细阅读这份简短的承包文件，请问大家，在文件中哪些词汇或语句最令人触动？

生（集体）：坐牢杀头。

师：是什么会造成坐牢杀头的呢？

生（集体）：分田到户。

师：那我们不禁要问分田到户怎么会带来杀头坐牢的后果呢？

师：面对贫穷、饥饿甚至流离失所的严酷现实，朴实善良的农民们被迫以自己的方式与命运进行抗争。在确认土地公有制的基础上，他们采取了分配土地使用权的措施。那么，他们的抗争效果如何呢？

（出示材料）

小岗农民苦干一年，1979年的粮食产量相当于1966年至1970年5年的总和，人均收入是1978年的20倍……

——华东师大版《高中历史》第六分册，华东师范大学出版社

师：中国改革开放历程中，小岗村农民的贡献不可忽视。他们通过"大包干"的形式，将土地所有权与经营权分离，从而释放了农村的生产力，为中国的农业现代化进程作出了重要贡献。同时，这种改革也促进了中国农村经济的快速发展和社会的稳定。然而，这种做法也受到了一些争议和批评，因为改革过程中也存在着一些问题和挑战，如土地流转、土地征收等。因此，我们应该在尊重历史事实的基础上，理性看待小岗村农民的贡献和改革历程。同时，我们也应该继续推进农村改革，促进农村经济的持续发展和社会进步。

师：在1998年的收获季节，安徽省委书记万里再次踏入灾区。他目睹了家家户户生活富足、人民群众满面笑容的景象。男人们聚集在万里

面前，分享着自己的观点，女人们则将热腾腾的花生塞入客人的口袋。此时的万里书记已激动得热泪盈眶。

播放音乐《在希望的田野上》。

师：小岗村有幸成为我国农村改革开放的先行者。为求生存而采取的无奈举措，竟然成为这一重大改革的开端。在经历了数次艰难的思想斗争后，家庭联产承包责任制这一崭新的农村土地分配制度终于在中国全面推行。在分田到户的政策实施之后，农民们终于体验到了丰衣足食的滋味。中国的农民终于在"希望的田野上"迈出了坚实的步伐。

在上述两个教学片段中，教师通过讲述故事来描绘安徽灾民的困境，让学生分析现实和历史原因。接着，教师又讲述了小岗村村民的故事，展示了分田到户制度如何逐渐发展成为全国范围的家庭联产承包责任制。这两个故事前后呼应，说明了普通人的需求是时代的需求，而普通人的集体力量成为推动时代发展的力量。这凸显了"普通人不仅仅是被时代裹挟行动的对象，他们同样可以在大时代中有所作为"的价值观。

历史人物的启示、历史人物的经历和成就可以给我们提供宝贵的经验和借鉴，帮助我们更好地面对现实生活中的困惑和挑战。

注重逻辑推理，培养科学意识

在中学历史学科育人实践中，注重逻辑推理是培养学生科学意识的重要手段之一。逻辑推理是指通过分析、归纳、推断等思维方式，从已知事实出发，推导出新的结论或发现事物之间的内在联系。在历史学科中，教师注重逻辑推理，可以帮助学生理解历史事件的发展脉络，揭示历史事件之间的因果关系，培养学生的思辨能力和科学精神。

皮亚杰的建构主义学习理论认为，个体的智慧与认识是通过与其环境的相互作用而得到成长和发展的，"在活动中学习"是其理论的基本特点。将史料引入课堂教学，可以实现教学过程中教师与学生、师生与文本之间的互动，学生可以在探究中发挥主观能动性，培养历史思维能力。

注重逻辑推理可以帮助学生理解历史事件的发展脉络。历史学科是一门研究人类社会发展变迁的学科，其中包含了大量的历史事件和人物。通过逻辑推理，学生可以将零散的历史事实进行整合和归纳，从而形成一个完整的历史故事。如在学习中国古代历史时，学生可以通过逻辑推理将不同朝代的政治、经济、文化等方面的变化联系起来，进而理解中国古代社会的发展脉络。

例如，新航路开辟的影响一直是历史教学中的重点，也是难点。为了便于学生理解和掌握，教师出示了两份材料：

材料一：16世纪，欧洲的黄金从55万公斤增加到119万多公斤……物价上涨使靠工资为生的工人实际工资下降，日趋贫困。按传统方式征收定额货币地租的封建主，收入减少了。同时新兴的资产阶级靠使用廉价的劳动力和高价出售产品而得到好处。

——孔祥民主编《世界中古史》

材料二：葡萄牙人在亚洲、非洲、拉丁美洲建立了一些殖民据点与商站，如巴西、印度果阿、马六甲和中国澳门，从而控制了从印度洋到太平洋的海上通道，并以殖民据点为基地，在当地进行劫掠式的贸易。他们用葡萄牙的手工业品，交换当地人手中的象牙、珍珠、宝石和香料，甚至抢劫当地人的黄金……

——人教版九年级历史上册第16课《早期殖民掠夺》

两则材料引发了学生极大的探究兴趣。对于文字材料，教师要引导学生从材料中找到关键信息并勾画出来，这是提高初中生阅读和处理材料的重要方法，然后教师创设问题情境：从材料一中可以看出新航路开辟对欧洲社会各阶层有什么影响？

依据材料一，学生分析出：黄金涌入欧洲导致社会分化，加速了欧洲封建制度的解体，促进了资本主义的发展。

最后得出结论：新航路的开辟使欧洲大西洋沿岸工商业经济繁荣起来，促进了资本主义的产生和发展，这是对欧洲的影响。

分析材料二可知，新航路的开辟为欧洲国家开辟了殖民扩张道路，他们大量掠夺殖民地的财富，造成了亚非拉国家和地区的贫穷与落后。这是新航路开辟带来的消极影响。这两则材料将教材中枯燥艰涩的文字叙述变为生动具体的史实，将抽象的结论具体化，符合初中生形象思维的特点，有助于学生对新航路开辟影响的理解和掌握。学生在对史料的解析中也从被动接受到主动建构，实现了学习方式的转变，在合作探究中自然受到"论从史出，史由证来"的历史思维方法的熏陶。

注重逻辑推理，根据史料探究历史，不仅能激发学生的学习兴趣，也有助于学生形成"证据"与"史实"之间的逻辑意识，从而掌握了解历史的一般方法。在教学过程中，教师可以有目的地引导学生学会收集、选择、考证史料的方法，分析、解释历史，发现与揭示历史本质、历史规律，学会运用历史唯物主义的基本观点来分析、解决问题。这样的教学模式使学生从跟着学到主动学、乐意学，从而转变了学习方式，也有利于培养学生的创新精神与实践能力。

注重逻辑推理可以揭示历史事件之间的因果关系。历史事件往往是相互关联的，一个事件的发生往往会引起其他事件的发生或变化。通过逻辑推理，学生可以分析历史事件之间的因果关系，理解事件之间的逻辑联系。例如，在学习第二次世界大战时，学生可以通过逻辑推理，分析纳粹德国的侵略行为是如何导致全球战争爆发的，从而认识到战争的根源和危害。

注重逻辑推理可以培养学生的思辨能力和科学精神。逻辑推理需要学生进行思维的分析和推断，可以培养学生的思辨能力和逻辑思维能力。同时，逻辑推理也要求学生以客观、科学的态度对待历史事件，不断追求真理。通过注重逻辑推理，可以培养学生科学意识，学会用科学的方法去理解和解释历史。

综上所述，注重逻辑推理是中学历史学科育人实践的重要原则之一。注重逻辑推理，可以帮助学生理解历史事件的发展脉络，揭示历史事件之间的因果关系，培养学生的思辨能力和科学精神。这将有助于学生更好地理解历史，提高历史学科的学习效果。

理解多种角度，培养兼容意识

中学阶段，历史学科作为一门综合性学科，其核心价值在于帮助学生理解历史事件和现象的多重解释和多元视角。历史课教学的目的就是要让学生获取历史知识、认知历史、培养人文情感价值观。因此，教师需要培养学生具备理解和尊重不同观点的能力，以及在多元文化背景下保持开放和包容的意识。然而，由于历史课学生识记内容太多，很多教师在实际教学中总感觉学生力不从心，致使教学效果不佳。

重新界定历史课程教学的途径，开展多角度教学，提高学习的主动性，成为教学中的难题。在教学过程中，教师可以多角度去引导学生。

1. 充分运用比较

在教育教学过程中，教师可采用比较法来引导学生进行深入思考，有效激发他们的思维活动。一方面，可以比较不同国家间相似事件的历史。例如，谁发明了印刷术？这一发明在欧洲文艺复兴时期对知识传播产生了怎样的重大影响？互联网是否产生了类似的影响？为什么？另一方面，也可以比较不同历史时期与当前社会的相似情况。比如，在唐朝，一个女性想要成为杰出的政治家会遭遇哪些困难？当今中国社会中的女性是否还会遇到同样的问题？未来将会如何影响一个人的人生轨迹？通过这种比较方式，学生可以在深入思考历史背景的基础上，逐渐认识到当代社会所面临的各种现实问题，进而拓宽自身的视野并形成纵向或横向比较的思维方式。这种教育方式具有极大的启发性。

2. 重视人文情感

通过模拟历史场景，让学生以历史人物的身份进行互动和感受，身临其境般地体验历史事件。这种情境体验法可以让学生更深入地思考历史事件和人物，从而加深对中华民族五千年丰富历史的领悟。教师通过描绘历史事件的背景和环境，可以引导学生更好地理解和想象当时的情境，并融入其中，体会人在历史发展中的重要作用。这种方法不仅赋予历史教材更多生命力和人情味，也突出了人在驾驭历史社会发展中的主体作用。教师通过情感体验的方式，可以进一步加深学生对历史事件和人物的理解和感悟，达到教育的目的。这种方法不仅没有任何说教成分，还可以使教育目标在情感体验过程中得到体现和升华。

3. 在教学中引入道德教育

道德是一个国家和民族的精神支柱与价值体系，是其在人类社会中的重要体现。道德水平决定着一个民族对人类文明进步的贡献程度，是引领民族前行的风向标，也是一个国家保持生机与活力的内在动力。一旦忽视道德建设，民族将逐渐走向衰败，甚至对人类社会的发展造成威胁。简而言之，个体如果丧失了道德准则与仁爱、同情等情感，将可能陷入堕落、犯罪甚至自我毁灭的境地。因此，教师在历史教学中，应注重加强道德教育，以塑造学生正确的价值观与伦理观。

4. 在教学中体现多学科的综合

通过绘图、绘制地图、角色扮演、编写故事等多种手段来了解和体验历史，注重艺术、数学、戏剧、地理等学科与历史学科的融合。例如，假定你是19世纪中国的一位农民，近日你发现一块载有甲骨文的骨头。在发现这块骨头后，请你感受一下这样的画面：你感到惊奇与兴奋。尽管身处穷乡僻壤，但你对历史与文化的认知并未停留在表面。你明白甲骨文作为中国古代的文字，其蕴含的信息可能与久远的历史紧密相连。

通过这块骨头，你能够切实地触摸到历史的脉络。你渴望着通过这些古老的文字，能够了解你所生活的时代在历史长河中的地位与作用。希望能从中找到一些关于过去的线索，以便更好地把握未来的方向。此外，你亦希望通过这些甲骨文，能以更有效的方式向其他人展示你对历史的理解与热爱，期望能够用你的发现激发更多人对历史的兴趣与好奇心。如此，不仅个人能受益于此，整个社会也能从中获得颇多益处。

通过这样的活动，学生能够切实体会到用文字探索历史的魅力。同时，他们也将在实践中掌握更多有效的方式，去解释和展现他们对于这一厚重历史的理解。这不仅有助于提升他们的历史文化素养，而且也有利于增强他们对中华文明的热爱与敬仰。

5. 重视培养学生间的协作能力

良好的协作能力不仅可以促进学生对历史的理解，还能够使学生通过讨论和争论获得对历史事件多角度的评价，深入理解历史的意义和现实的意义。此外，它还可以培养学生健康的心理素质。例如，在不了解别人意见的情况下，对武则天和慈禧进行评价和比较，阐明自己的观点并试图说服别人。通过互相探讨和分析，学生将融合不同的思想，拓展自身的分析能力和思维空间。

6. 多角度观察和思考，培养全面分析问题的能力

许多历史事件因时代变迁而意义不同，要求学生从不同时代或不同身份的角度进行分析和思考，甚至站在对立的角度来评价同一历史人物。这有助于学生以更全面和系统的方式看待问题。例如，从明朝皇帝和清朝贵族不同的角度评价吴三桂。通过不同角度的分析，学生可以更全面地了解一个历史人物在当时的作用以及对后世的重要影响。这种活动让学生通过故事冲突和多方面的视角观察和思考问题，旨在提高学生全面分析问题的能力。

7. 从小处切入探究问题

在教育活动中，以一个小细节作为起点，进行深入的探究和分析，能够以小见大，反映出问题的实质。对细节的关注和探究，是这些教育活动的又一显著特性。例如，通过比较林黛玉和薛宝钗的生活背景和性格特征，来推测她们未来的生活轨迹和发展方向，这种分析需要理由和观点的一一对应。设计活动要十分注重细节，因为这些细节能够真实反映当时社会的基本问题和现象。此外，还可以通过对不同历史相关的图片和视频的探究，揭示出深层次的问题。

除了上述特性，教育活动还能提供多种选择，充分赋予学生自主选择的自由。这些活动强调学生的自主学习，并引导学生利用各种教学工具进行自我提升。同时，这些活动还从学生熟悉的环境入手，充满生活氛围。教育活动的这些特性都充分体现了人文关怀，引导学生从人

文视角进行思考和分析。在此基础上，爱国主义教育也能够自然地渗透其中。

8. 应遵循学生的认知规律

人的认知能力是从低级向高级、从简单到复杂、从感性认识到理性认识逐渐发展的过程，中学生对历史的认知能力也遵循此规律。因此，在实际教学中，教师应当根据学生的认知水平和能力来设计创新性的教学模式，不断改进教学方法。教师将原本枯燥的历史知识通过学生感兴趣的形式进行教授，培养学生的发展眼光和全面的视角，从经济和全球整合等角度理解和分析历史事件，从而减少或避免学生学习的盲目性。课程改革的基本理念之一就是面向全体学生，确保每个学生都能获得社会性发展，为他们终身学习和发展奠定必要的知识和能力基础。教师通过教育，让学生学会求知、学会做事、学会生存、学会做人。

总之，理解多种角度并培养兼容意识是中学历史学科育人实践的基本原则之一。通过学习不同的历史观点和文化传统，可以培养学生独立思考和跨文化交流的能力，从而更好地理解历史事件的复杂性和多样性。这将有助于他们成为具有全球视野和文化包容性的公民。

第三节　培养多元文化视野

在中学历史学科育人实践中，培养学生的多元文化视野是至关重要的。多元文化视野指的是学生对不同文化背景、价值观和传统的理解和尊重。通过学习历史，学生可以了解到世界上存在着各种不同的文化，这些文化相互交织、相互影响，共同构成了丰富多彩的人类社会。

首先，多元文化视野可以帮助学生超越自身的文化背景，拓宽他们的认知范围。通过学习不同文化的历史，学生可以了解到不同文化之间的相似性和差异性，从而认识到自己的文化并不是唯一的。这样的认识可以帮助学生摆脱狭隘的观念，接纳和尊重其他文化，培养跨文化交流和合作的能力。

其次，多元文化视野可以培养学生的文化包容性和尊重他人的能力。通过学习历史中的多元文化，学生可以了解到不同文化之间相互影响和交流的意义，以及文化的多样性和丰富性。这样的学习可以帮助学生认识到每种文化都有其独特的价值和贡献，没有优劣之分。学生应学会尊重和欣赏不同文化，避免对除本民族文化之外其他文化的偏见和歧视。

最后，多元文化视野还可以培养学生的全球意识和国际视野。通过学习历史中的多元文化，学生可以了解到世界各地的不同文化和历史，了解到不同文化之间的联系和相互作用。这样的学习可以帮助学生认识到自己所处的世界是一个多元而复杂的整体，培养他们的全球意识和国际视野，使他们将来能够更好地适应和融入全球化的社会。

多元文化视野在中学历史学科育人实践中具有重要的意义。历史学科的教育目标是通过培养学生的多元文化视野，帮助他们超越自身的文化背景，培养文化包容性和尊重他人的能力，以及培养全球意识和国际视野。这样的教育目标有助于培养具有全球竞争力和跨文化交流能力的新时代人才。

尊重多元文化，客观定位认知起点

尊重多元文化是历史学科育人的重要认知起点。历史学科作为一门学科，应该以客观的态度对待不同的文化，尊重多元文化的存在和发展。这意味着教师在历史学科教学过程中应该引导学生摒弃主观偏见和歧视，以客观的眼光去理解和解释历史事件和文化现象。

尊重多元文化的客观定位是历史学科育人的基本原则之一。历史学科应该致力于培养学生对不同文化的尊重和理解能力，使他们能够超越个人局限，客观地认知和评价历史事件和文化现象。这需要历史学科教师在教学中要注重培养学生的跨文化意识和批判性思维能力，引导他们从多个角度去理解历史事件和文化现象。

尊重多元文化的客观定位还要求教师在历史学科教学过程中注重培养学生的文化包容性和多元思维能力。历史学科应该帮助学生认识到不同文化之间存在相互影响，理解文化的多样性和变迁性。通过学习历史，学生可以了解到不同文化之间的相互关系和共同点，培养自己的文化包容性和多元思维能力，从而更好地适应和融入多元文化的社会环境。

总之，尊重多元文化是历史学科育人的认知起点，它要求历史学科教师以客观的态度对待不同文化，培养学生的跨文化意识和批判性思维能力，以及文化包容性和多元思维能力。只有这样，历史学科才能真正发挥其育人功能，培养出具有全球视野和文化素养的学生。

理解多元文化，拓宽内涵和外延

多元文化是指社会中存在着不同的文化群体和文化传统，这些文化之间相互交融、相互影响。在历史学科育人中，理解多元文化对于拓宽学生的历史视野和培养他们的历史思维具有重要意义。

首先，理解多元文化可以帮助学生认识到历史的多样性。历史并不是单一的、线性的进程，而是由不同文化群体的相互作用构成的。通过学习不同文化的历史，学生可以更好地理解历史的复杂性和多样性，避免对历史的简单化和片面化认识。

其次，理解多元文化可以促进学生的跨文化交流和理解能力。在全球化的今天，不同文化之间的交流和互动日益频繁。通过学习多元文化的历史，学生可以培养跨文化交流的意识和能力，增强与他人沟通、合作的能力，拓宽自己的国际视野。

此外，理解多元文化还可以帮助学生认识到历史的相对性和主观性。不同文化对于历史事件的解读和评价可能存在差异，这使得历史并非客观不变的事实，而是受到文化背景和观念的影响。通过学习多元文化的历史，学生可以培养批判性思维，学会从多个角度审视历史事件，避免盲目接受单一的历史观点。

综上所述，理解多元文化拓宽了历史学科育人的内涵和外延。通过学习多元文化的历史，学生可以更好地认识到历史的多样性、培养跨文化交流的能力，以及培养批判性思维。这些都有助于学生全面发展和成长，能为他们未来的学习和生活奠定坚实的基础。

树立育人的正确心态

在历史学科育人实践中，树立正确的心态对于辨析多元文化至关重要。教师在进行教学设计时，需要补充丰富、多元的史学材料，激发学生多方位的思考，培养学生的多元意识和实证意识，提升课堂的"历史韵味"，激发学生的学习兴趣。

正确的心态应该是包容和尊重的。历史学科育人需要认识到多元文化的存在和价值，不将某一种文化视为绝对标准，而是尊重和包容各种文化的差异和特点。这样才能真正理解和欣赏多元文化的丰富性，避免对其他文化存在偏见和歧视。

正确的心态应该是开放和探索的。历史学科育人需要学生积极主动地接触和了解不同的文化，通过开放的心态去接纳和吸收其他文化的优秀成果和经验。这样可以丰富自身的知识和拓宽自己的视野，提高历史学科育人的质量和效果。

正确的心态还应该是平等和公正的。历史学科育人需要坚持公正的原则，不偏袒某一种文化，不歪曲历史事实，不片面追求某一种文化的优越性。只有在平等和公正的基础上，才能真正实现多元文化的树立，让学生在历史学科育人实践中获得全面的发展。

综上所述，树立历史学科育人的正确心态是非常重要的。正确的心态应该是尊重的、开放的、包容的、平等和公正的。只有树立正确的育人心态，才能真正实现多元文化的树立，提高历史学科育人的质量和效果。

突破传统历史学科育人的狭隘观念

在传统的历史学科育人中，存在着一种狭隘的观念，即将历史教育仅仅局限于知识的传授和记忆。然而，随着社会的发展和教育理念的更新，教师需要突破这种狭隘观念，将历史学科育人的目标和方法进行全面的转变。

突破传统历史学科育人的狭隘观念需要注重培养学生的历史思维能力。历史不仅仅是一堆事实和事件的堆砌，学习历史离不开思考和分析的过程。教师应该引导学生通过历史学科的学习，培养他们的批判性思维、逻辑思维和创造性思维，使他们能够独立思考、分析历史问题，并形成自己的观点和见解。

要注重培养学生的历史情感和价值观。历史是人类社会发展的镜子，通过学习历史，学生可以感受到历史人物的情感、价值观和人生追求。教师应该引导学生通过历史学科的学习，培养对历史的情感共鸣和情感体验，并能够从历史中汲取智慧和力量，形成正确的价值观和人生观。

历史教学还需要注重培养学生的历史实践能力。历史不仅仅是过去的事情，更是与当下和未来息息相关的。教师应该引导学生通过历史学科的学习，培养历史研究和实践能力，使他们能够主动参与到历史的研究和实践中，为社会的发展和进步作出贡献。

突破传统历史学科育人的狭隘观念，可以使历史学科育人更加全面和有效，培养出具有批判性思维、情感共鸣和实践能力的历史人才，为社会的发展和进步作出积极的贡献。

进入21世纪，人类步入了第四次工业革命时代，对未来人才的素养提出了新的要求，也给教育带来了新的挑战。如何确保人类不会被人工智能所取代，成为当前教育教学迫切需要思考和解决的问题。为了回应时代需求，历史教师需要转变观念，从"先记住知识再提高能力"的模式转向"在解决问题中获得知识、发展能力"的模式。教师应该将工作重心从"学科教学"转向"课程育人"，不要过分强调"眼前利益"（成绩考试），而应注重长远利益，关注学生的未来发展。课堂教学需要改变以往"去问题化"的方式，实现问题解决的教学和问题生成的教学——即深度学习。深度学习使学生的成长从提高"解答试题的能力"转向提高"解决问题的能力"，进而提高"做事的能力"。深度学习是落实立德树人根本任务、实现学生发展核心素养的重要途径。

近年来，在教研和听课中，历史老师与同事们不断进行探讨和实践，取得了一些成功经验，但也遇到了一些问题，这引起了教师的深刻反思。为了有效地实践深度学习，老师必须认真研究学习并进行思考。另外，学生是优秀的探索者，他们可以像科学家一样研究和分析，像工程师一样设计和实践，像思想家一样思考和辩论。深度学习能够帮助学生从学习的新手逐渐成长为成熟的学习者。需要说明的是，深度学习并不会完全取代传统的讲授式教学，教师具体采用何种教学方式应根据具体内容的特点来决定。

提升跨学科教学的意识与能力

《义务教育课程方案（2022年版）》和16个课程标准都对跨学科主题学习提出了要求，但是，现实中的跨学科主题学习却存在"浅层次""不专业""随意性""虚假性"等现实问题，需要从素养化、专业化、综合化和真实化四个方面，整体推进高质量跨学科主题学习的实践。

跨学科主题学习的课程理念在学校教育的各个学段中都适用，但在实际设计和实施跨学科主题学习时，各学科普遍面临着师资力量难以满足课程需求的问题，尤其是历史教师的跨学科教学意识与能力方面仍有待提升。

从历史教师和学生的跨学科思维的意识与能力现状看，教师方面存在更多的问题需要关注。学生正处于学习状态，大多具备开展跨学科主题学习所需的知识基础，但学生跨学科思维意识还比较薄弱，需要各学科教师通过跨学科主题探究示范教学进行启发和引导。因此，教师不仅需要具有跨学科教学的意识，还需要具备跨学科教学的能力。现在存在的问题主要表现在学科教学中，当教材内涉及其他学科知识和方法的内容时，教师很少进行研究和讲解；在评议公开课时，教师认为跨学科部分的教学内容偏离了学科主题，应该略去不谈；对于需要借助其他学科知识和方法才能深入理解的知识和问题，教师缺乏深入研究的兴趣。

历史教师应增强跨学科教学意识，在教学过程中重视对跨学科学习意义的深入理解。首先，跨学科学习可以促进学生对学科知识意义与作用的理解。学生不仅要理解学科知识内在的纵向和横向关系，还要理解学科与学科之间的知识关系，这样才能从不同学科知识的融合应用中看到知识的功效并建立完整的知识关系。其次，跨学科学习可以提升学习者的创造性思维能力。发现规律往往涉及揭示知识间的内在关系，大量的发明、发现和创造与跨学科知识关系的揭示密切相关，而跨学科学习是培养学生跨界思维意识和能力的重要机会。最后，跨学科学习是推进全学科协同育人的重要方式。跨学科学习可以促进各学科在精神和思想层面的交流和互通，使学生产生共鸣，实现全学科协同育人的目标。

为了提升跨学科教学能力，各学科教师有必要进行持续深入的研究。首先，要认真研究教材中与其他学科相关的问题和拓展性学习材料，并通过适当的分析和讲解引导学生关注。其次，教师在讲解本学科知识和问题涉及其他学科的知识和方法时，应该腾出时间和精力进行全面深入的研究，并在课堂上引导学生进行相关思考。最后，历史教师还应与本学科教研组内的教师合作，制定每次跨学科主题学习的内容，以及考试和测评中涉及的跨学科性质的试题。在跨学科教学中使用其他学科的知识和方法时，教师应反复考究确认无误，并多听取相应学科专业教师的意见。

教师跨学科教学能力的提升需要通过实践磨砺，主要体现在对学习方案的精心设计和对学习目标的科学定位。设计跨学科主题学习方案时，可以选择一个较复杂的真实问题，教师可以逐步启发学生展开联想，将问题置于已学的各学科知识和方法体系中进行综合思考，通过命题变更将复杂的问题转化为可解答的问题。教师引导学生开展跨学科主题学习活动时，应科学地确定目标，重点是指导学生了解学科之间的知识关系，概括各学科方法在思想层面的一致性，使不同学科的思维经验相互融合，形成统一的科学思想观念，同时重点指导学生感受学科思维的规律和意图，理解学科追求真善美的方式和特点，从而归纳出各学科思想观念在精神层面的一致性，使不同学科对真善美的精神追求相互交融，形成可以激发创造性思考的科学观念。

根据一些国际教育经验，教师组织开展跨学科主题学习可以借鉴

STEAM等类似的课程整合理念和模式，有助于解决学生由于学科分化而导致的知识和经验孤立与隔离的问题，也有助于构建一个开放、有机联结和协调发展的课程生态系统，从而形成培养学生综合素养的重要教育方式。在跨学科主题学习中，教师选择一个有意义的现实主题，可以更深度地激发学生的探究意愿，使他们运用不同学科的知识和方法来进行探究。需要特别指出的是，在跨学科教学中，教师不仅要促进自然科学之间的学科融合，还要努力促进自然科学和人文社会科学在精神和思想层面的融合，并加强学生对二者优缺点的认识和互补性的思考。

第二章
中学历史学科育人实践的主要问题

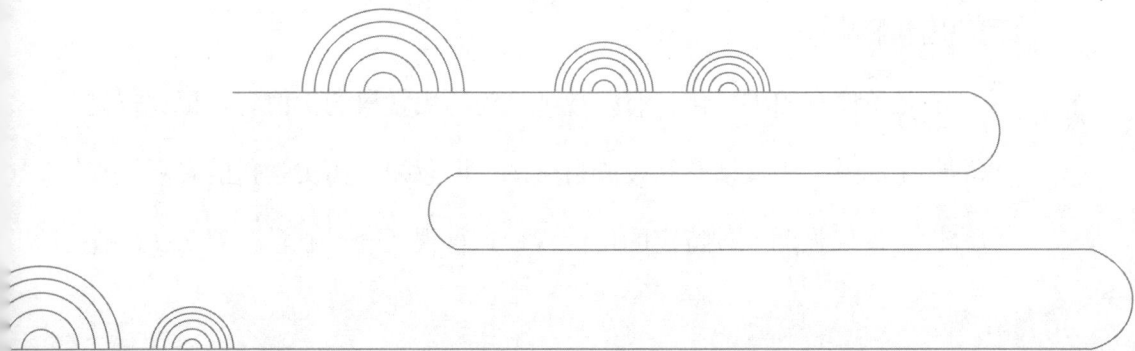

第一节　价值观目标理解的误区

在中学历史学科育人实践中，学生对于价值观目标的理解存在着一些误区。这些误区可能会影响到学生对历史学科的正确认识和价值观的培养。以下是一些常见的误区：

一是狭隘的功利主义观念。有些学生认为历史学科的目标仅仅是为了应对考试，获取高分或者升学，他们忽视了历史学科的深度和广度；有些学生仅仅是追求学习成绩，而忽略了历史学科对于培养综合素质和人文精神的重要作用。

二是知识的堆砌与机械记忆。有些学生和教师在历史学科的学习中，仅仅是堆砌知识和机械记忆。有些教师只注重学生对历史事件、人物和时间的记忆，而忽视了历史学科的思辨性和批判性思维的培养。这种误区导致学生对历史的理解停留在表面，无法真正理解历史事件背后的原因和影响。

三是价值观的单一化。有些教师认为历史学科的价值观目标仅仅是培养学生的爱国主义情感和民族自豪感，而忽视了历史学科的多元性和包容性，仅仅强调一种特定的价值观。这种误区会限制学生对历史事件的多角度思考和理解，无法培养学生的批判性思维和价值观的多样性。

　　为了纠正这些误区，教师应该重视历史学科的综合性和思辨性，培养学生的批判性思维和创新能力，同时应该注重培养学生的人文精神和价值观的多样性，让他们能够从不同的角度去理解历史事件，并形成自己独立的价值观。只有这样才能真正实现中学历史学科育人实践的价值目标。

价值观落伍

　　历史学科作为一门重要的人文学科，应该在培养学生的价值观方面发挥积极作用，但目前历史学科在培养学生的价值观方面存在落伍问题。

　　首先，历史学科在教学内容和方法上存在着价值观滞后问题。传统的历史教学往往注重对历史事件和人物的简单陈述，忽视了对历史事件背后的价值观的深入分析和讨论。这种教学方式容易导致学生对历史事件的理解停留在表面，无法真正理解历史事件对社会和个人价值观的影响。

　　其次，历史学科在教材编写和选择上存在着价值观偏颇问题。一些历史教材在选择历史事件和人物时，往往偏向于强调某种特定的价值观，忽视了多元化的历史观点和价值观。这种单一的教材选择容易导致学生对历史事件的理解片面化，无法真正体会到历史的复杂性和多样性。

最后，历史学科在教师队伍建设上也存在着价值观滞后问题。一些历史教师对于历史事件的解读和评价往往受个人的主观偏见和意识形态的影响，缺乏客观公正的态度。教师的价值观偏颇容易对学生产生误导作用，影响他们对历史事件的正确理解。

综上所述，历史学科在培养学生的价值观方面存在着落伍的问题。为了解决这些问题，教师需要改变传统的历史教学方式，注重对历史事件背后的价值观进行深入分析和讨论；同时，教材编写和选择应该更加注重多元化的历史观点和价值观；此外，加强对历史教师的培训和教育，提高他们的客观公正意识，确保他们能够引导学生形成正确的价值观。只有这样，历史学科才能真正发挥其育人的作用，培养出具有正确价值观的学生。

价值观窄化

价值观窄化是指在中学历史学科的教学和育人实践中，学生的价值观念逐渐狭窄化、单一化的现象。这种现象主要表现在学生对历史事件和人物评价上，往往只关注功利性和表面的成就，而忽视了历史的复杂性和多样性。这种价值观窄化的现象对学生的历史素养和人文精神的培养产生了负面影响。

首先，价值观窄化导致学生对历史事件的理解变得片面。他们往往只看重历史事件的结果和影响，而忽略了事件发生的背景、原因和过程。这种片面的理解使得学生对历史事件的认识变得肤浅，无法真正理解历史事件的复杂性和深远影响。

其次，价值观窄化使得学生对历史人物的评价变得单一化。他们往往只看重历史人物的功绩和成就，而忽略了其背后的价值观和道德品质。这种单一化的评价使得学生对历史人物的形象变得扁平化，无法真正理解历史人物的复杂性和多面性。

最后，价值观窄化还导致学生对历史的价值意义认识不足。他们往往只关注历史事件和人物对当下社会的影响，而忽视了历史对于塑造个人品格和培养人文精神的重要性。这种认识不足使得学生对历史的价值意义缺乏深入的思考和理解。

综上所述，价值观窄化是中学历史学科育人实践中的一个主要问题。它导致学生对历史事件的理解变得片面，对历史人物的评价变得单一化，以及对历史的价值意义认识不足。为了解决这一问题，教师需要在历史教学中注重培养学生的历史思维能力和人文精神，引导他们从多角度去理解历史事件和人物，以及深入思考历史的价值意义。

价值观片面

历史学科作为一门重要的人文学科，其育人目标不仅仅是传授历史知识，更重要的是培养学生形成正确的价值观。然而，在历史学科育人实践中存在着价值观片面的问题。

部分教师在历史教学中过于强调国家英雄和伟人的英勇事迹，而忽略了其他社会群体的贡献和历史事件的多元性。这种片面的价值观教育容易导致学生对历史的理解偏颇，缺乏对历史事件的全面认知。

一些教材和教学资源中存在着对历史事件过度美化或负面描绘，而忽视了历史事件的复杂性和多样性。这种片面的呈现方式容易使学生对历史事件产生误解，无法真实地理解历史的发展和演变过程。

部分教师在历史教学中过于注重知识的灌输，而忽视了培养学生的历史思维能力和批判性思维能力。这种片面的教学方式容易使学生陷入被动接受知识的状态，无法主动思考和分析历史事件的原因和影响。

针对这些问题，历史学科育人实践应更加注重培养学生的多元价值观。教师应该引导学生从不同的角度去理解历史事件，鼓励他们思考历史事件的多样性和复杂性。同时，教材和教学资源应该客观地呈现历史事件，避免过度美化或负面描绘。此外，教师还应该注重培养学生的历史思维能力和批判性思维能力，引导他们主动思考和分析历史事件。

通过解决价值观片面的问题，可以更好地实现历史学科育人的目标，培养具有正确价值观和批判性思维能力的学生，这将有助于他们在未来的生活和工作中更好地理解和应对历史事件的影响。

价值观强加

价值观强加是指在历史学科的教学过程中，教师或教材将特定的价值观念强制灌输给学生，剥夺了学生独立思考和自主选择的权利。这种做法不仅违背了教育的本质，也限制了学生的发展和成长。

价值观强加剥夺了学生独立思考的机会。历史学科应该是培养学生批判性思维和分析能力的重要途径，而不是简单地灌输特定的价值观。当教师或教材将自己的观点强加给学生时，学生很难有机会去思考和探索其他不同的观点，从而使其思维发展受到限制。

价值观强加剥夺了学生自主选择的权利。每个人都有自己的价值观和信仰体系，而历史学科应该是帮助学生了解和尊重不同观点的重要工具。然而，当特定的价值观被强制灌输给学生时，他们失去了选择的自由，无法真正理解和接受其他观点的存在。这不仅限制了学生的多元思维，也剥夺了他们发展自己独立思考能力的机会。

价值观强加可能导致教育产生偏见和片面性。当特定的价值观被强制灌输给学生时，教育过程中的信息和知识可能会被过滤和选择，以符合特定的观点。这种偏见和片面性不仅影响了学生对历史事件和人物的真实理解，也限制了他们对多元文化和多元观点的认识。

价值观强加剥夺了学生独立思考和自主选择的权利，限制了他们的发展和成长。为了解决这一问题，教师或教材应该尊重学生的多元观点，提供全面的历史知识，培养学生的批判性思维和分析能力，让他们成为具有独立思考能力的公民。

价值观僵化

价值观僵化是指学生在学习历史学科过程中，对于历史事件、人物和价值观念的理解和认知变得固化和僵化的现象。这种僵化可能源于教育环境、教学方法和学生自身等多个方面。

　　教育环境的僵化可能导致学生的价值观僵化。在一些学校和教育机构中，历史教学往往注重知识的灌输和记忆，而忽视了对学生思维能力和创造力的培养。在这种教育环境下，学生往往只是被动地接受教师灌输的历史观点和价值观念，缺乏独立思考和批判性思维的能力。因此，他们对历史事件和人物的理解和认知容易陷入僵化的状态。

　　一些教师在历史教学中过于注重教材的内容和考试的要求，而忽视了培养学生的思辨能力和价值观的多元性。他们往往采用传统的讲授式教学方法，缺乏启发式和探究式的教学手段。这种教学方法限制了学生对历史事件和人物的深入思考和理解，使他们的价值观念变得僵化。

　　此外，学生自身的因素也可能导致价值观僵化。一些学生在接受历史教育的过程中，缺乏对历史事件和人物的充分了解和思考，只是机械地记忆和背诵教材内容。他们对于历史事件和人物的理解和认知仅停留在表面，缺乏对历史背景、社会环境和人物动机的深入思考。这种学生的价值观念容易受到外界影响，变得僵化和固化。

　　价值观僵化是中学历史学科育人实践中需要重视的问题。教育环境的僵化、教学方法的僵化以及学生自身的因素都可能导致学生对历史事件、人物和价值观念的理解和认知变得固化和僵化。为了解决这一问题，我们需要改变教育环境，采用多元化的教学方法，培养学生的思辨能力和创造力，以及引导学生进行深入思考和独立思考。只有这样才能有效地解决价值观僵化问题，提高学生的历史学科育人效果。

第二节 教学实施过程中的偏差

教学实施过程中的偏差主要包括教师教学方法的不合理选择、教学内容过于抽象和脱离实际、学生参与度不高等方面的问题。

教师在教学过程中如果选择不合适的教学方法，将导致学生对历史学科的兴趣和理解度降低。例如，过于依赖讲授式教学，缺乏互动和实践性的教学活动，使学生只是被动地接受知识，难以主动思考和探索。

教学内容过于抽象和脱离实际也是教学偏差的一个重要方面。历史学科作为一门人文学科，应该与学生的生活和实际情境相结合，通过具体的案例和实例来引导学生理解历史事件和人物。然而，一些教师过于注重理论知识的传授，而忽视了实际应用和情境化的教学。

学生参与度不高也是教学实施过程中的偏差之一。在历史学科的教学中，学生应该是主体，教师应该充分激发学生的学习兴趣和积极性。然而，一些教师可能忽视了学生的主体地位，过于强调知识的灌输和考试成绩的追求，导致学生缺乏学习的主动性和参与度。因此，在教学实施过程中，教师应该注意选择合适的教学方法，将历史学科与学生的实际生活相结合，同时激发学生的学习兴趣和主动性，以提高历史学科育人实践的效果。

目标失当

目标失当是指在中学历史学科育人实践中，教学目标的设定与实际需求不相符合。在教学过程中，如果教师没有明确的教学目标或者目标设定不合理，就会导致学生的学习效果不佳，甚至无法达到预期的教学效果。

一些教师经常会将教学目标设定得过于宽泛或者过于狭窄。如果教师只是简单地要求学生记住历史事件发生的时间和地点，而忽略了历史事件背后的原因和影响，那么学生只会停留在表面的知识记忆上，无法真正理解历史的发展和演变。相反，如果教师过于追求学生对历史事件的深入理解，而忽略了基础知识的掌握，那么学生可能会感到困惑和无助，无法建立起扎实的历史知识基础。

历史学科作为一门人文学科，其内容相对较为抽象和复杂，如果教师只是简单地灌输知识，而没有引发学生的学习兴趣和思考，那么学生可能会对历史学科产生抵触情绪，从而影响学习效果。因此，教师在设定教学目标时，应该充分考虑学生的实际需求和兴趣，通过生动有趣的教学方式和案例分析，激发学生的学习兴趣和主动性。

目标失当还表现为教学目标的评价方式不合理。如果教师只注重学生的记忆和应试能力，而忽略了学生思维能力和创新能力的培养，那么学生可能会形成应试教育的倾向，只注重应试技巧的掌握，而忽略了对历史学科的真正理解和应用能力的培养。因此，教师在设定教学目标时，应该注重培养学生的综合能力，通过多样化的评价方式，如课堂讨论、小组合作、项目研究等，全面评价学生的学习成果。

目标失当是中学历史学科育人实践中的一个主要问题。教师在设定教学目标时，应该注意目标的合理性和与学生实际需求的匹配性，同时注重培养学生的学习兴趣和思维能力，通过多样化的评价方式，全面评价学生的学习成果。只有这样，才能真正实现中学历史学科育人实践的目标。

不见过程

在历史学科的育人实践中，一些教师常常只关注历史事件的结果和影响，而忽视了历史事件发生的过程。这种"不见过程"的现象在教学过程中尤为突出，导致学生对历史事件的理解和分析能力不够深入。

"不见过程"使得学生对历史事件的认知变得片面。如果学生只关注历史事件的结果，往往就会忽略了事件发生的背景、原因和过程。这样一来，学生只能对历史事件的表面现象有所了解，而无法深入理解事件的本质和内在联系。例如，在学习第二次世界大战这一时期的历史知识时，如果教师只关注教导学生了解战争的结果和影响，而忽略了战争爆发的原因、各国之间的复杂关系以及战争的具体进程。这样的学习方式使得学生对历史事件的理解变得肤浅。

"不见过程"也影响了对学生的历史思维能力的培养。历史思维能力是指学生通过对历史事件的分析和思考，培养出对历史问题的独立思考和批判性思维能力。然而，如果教师在教学中只注重历史事件的结果而忽略了过程，很难培养出学生对历史事件的深入思考能力。他们只能被动接受历史事件的结果，而无法主动思考历史事件发生的原因和可能的解决方案。这样的学习方式限制了学生的思维发展，使他们难以成为具有独立思考能力的历史学习者。

因此，教师应该在教学中注重历史事件的过程，引导学生通过对历史事件的分析和思考，深入理解历史事件的背景、原因和发展过程。同时，教师也应该培养学生的历史思维能力，让他们能够独立思考历史问题，形成批判性思维和创造性思维。只有这样，学生才能真正理解历史的本质，从中获得启示，并将从历史中学习到的经验和智慧运用到现实生活中。

缺乏探究

在教学过程中，教师如果只是一味地灌输，将使学生只能被动地接受教师传授的知识，缺乏主动的探究和思考。这种教学模式限制了学生的创造力和批判性思维的培养，使他们难以真正理解历史事件的背后原因和影响。

缺乏探究的表现主要体现在学生对历史事件的简单记忆和机械背诵上，而缺乏对历史事件的深入思考和分析。学生往往只是记住了历史事件发生的时间、地点和相关人物，却无法理解历史事件发生的背景、原因和影响。他们缺乏对历史事件的批判性思考和探究，无法形成独立的观点和见解。

缺乏探究导致学生对历史学科的兴趣和热情下降。当学生只是被动地接受知识，而没有机会主动地提出问题、探索答案时，他们很难对历史学科产生浓厚的兴趣。缺乏探究使得学生认为历史学科的学习枯燥乏味，无法激发他们的学习动力和创造力。

为了解决缺乏探究的问题，教师应该采用启发式教学方法，鼓励学生主动提问和思考。教师可以设计一些开放性的问题，引导学生进行深入的探究和分析。同时，教师还可以组织学生进行小组讨论和研究项目，培养学生的合作能力和独立思考能力。通过这些教学措施，学生能够更好地理解历史事件背后的原因和影响，培养学生的批判性思维和创造力，提高他们对历史学科的学习兴趣和热情。

逻辑松散

在教学过程中，逻辑松散表现为教师在讲解历史知识时，缺乏清晰的逻辑结构和连贯性，导致学生难以理解和掌握历史概念和事件的发展脉络。这种逻辑松散可能源于教师对历史知识的理解不够深入，或者教学准备不充分。

逻辑松散的表现形式多种多样。首先，教师在讲解历史事件时，没有明确的时间线索，导致学生无法准确地理解事件的发生顺序和时序关系。其次，教师在讲解历史概念时，没有清晰地定义和解释相关术语，使学生对概念的理解模糊不清。最后，教师在讲解历史事件的原因和结果时，没有建立起因果关系的逻辑链条，使学生难以理解事件的发展和影响。

为解决逻辑松散问题，教师可以采取一些有效的教学策略。首先，教师应该在备课阶段充分理解历史知识的逻辑结构，明确各个概念和历史事件之间的关系，并准备好清晰的教学大纲和教学步骤。其次，教师在课堂上应该注重引导学生思考和提问，帮助他们建立正确的逻辑思维方式。同时，教师可以通过举例、比较和对比等方式，帮助学生理解历史事件的发展脉络和逻辑关系。最后，教师还可以设计一些互动性强的教学活动，让学生参与其中，加深对历史知识的理解和记忆。例如，每一个历史事件的发生都有特定的时间、特定的地理条件。而历史中的时间观念，对于学习历史来说更为关键。历史的发展是以时间的推移来记录的，如《中国历史朝代歌》："夏商与西周，东周分两段。春秋和战国，一统秦两汉。三分魏蜀吴，二晋前后延。南北朝并立，隋唐五代传。宋元明清后，王朝自此完。"这首歌谣以时间为线索，记录了历史的发展变迁。这种表现方式使得历史课程的学习更具条理性和连贯性，也使得历史知识的梳理更为便捷。因此，在教学设计中，教师应充分利用历史学科的这一突出特点，引导学生按照时间顺序和空间要素，构建起历史事件、历史人物以及相关历史现象之间的关联网络。这样学生能够在不同的时空框架中理解社会的变迁、历史的发展以及时局的统一。通过这种方式的教学设计，学生的时空观念逐渐形成，从而能更好地掌握历史的知识体系和脉络，也有利于学习历史技能的进步。

通过解决逻辑松散问题，可以提高学生对历史学科的兴趣和理解能力，促进他们的思维发展和综合素养的提升。因此，教师在教学中应该重视逻辑松散问题的解决，不断提升自身的教学能力和专业素养。

脱离历史学科

历史教学要独立成为一门专业，就得处理好"历史学科"与"教育教学"的关系。在历史学科教学中存在着一些老师脱离历史学科，一味注重说教等现象。

历史学科强调学生对历史事件和概念的理解和思考，而不仅仅是被动地接受知识。由于历史学科的抽象性和复杂性，学生往往觉得历史学科无趣、枯燥，对自己现实生活没有实际意义。一些老师过度依赖教材，只是简单地按照教材内容进行讲解。这样的教学方法会导致教学内容变得枯燥乏味，丧失了历史学科的魅力。

教师在教学中缺乏互动和引导，一味注重说教，没有引导学生积极参与讨论和思考，教学内容就会脱离学科本身。从而使他们对历史学科的学习兴趣不高，只是机械地记忆历史事件和人物，缺乏对历史背后的深层次思考和理解。

历史学科不仅是一门知识，更是培养学生批判性思维、分析能力和人文素养的重要学科。如果教师只关注知识传授而忽略了历史学科的意义和价值，缺乏创新和多样性的教学方法，教学内容就会丧失其应有的深度，也会导致学生对历史事件的理解模糊，他们往往只是停留在知识表面，无法深入挖掘历史事件背后的原因和影响。这让他们对历史学科的学习产生了困惑和疑惑。

历史学科可以通过故事、影像、文物等多种形式进行教学，以激发学生的学习兴趣和想象力。如果教师没有尝试不同的教学方法，教学内容就会变得单调乏味。为了解决这一问题，教师需要采取相应的教学策略和方法，激发学生对历史学科的兴趣和理解，培养他们的历史意识和思维能力，以及提升他们对历史学科的认识和价值的认同。笔者会采取以下策略：

提倡互动和引导：在教学中，笔者会注重鼓励学生积极参与讨论、提问和思考。通过小组讨论、角色扮演等活动，可以促使学生从多个角度理解历史事件和概念，确保教学内容不脱离历史学科。

多元化教学资源：除了教科书和教材，笔者会积极引入丰富的教学资源，如历史文献、文物、影像资料等，以丰富教学内容，这样可以让学生更直观地感受历史的真实和魅力。

强调历史学科的意义和价值：笔者会在教学中强调历史学科的意义和价值，帮助学生理解历史的重要性及对我们现实生活的影响。通过与现实生活的联系，学生可以更好地理解历史学科的内涵。

创新和多样化的教学方法：笔者会积极尝试创新和多样化的教学方法，如利用科技手段、组织实地考察等，以激发学生的学习兴趣。这样可以使教学内容更具吸引力，避免过度注重说教的现象。

解决脱离历史学科、一味注重说教等问题，需要教师注重互动和引导、多元化教学资源、强调学科意义和价值，以及创新和多样化的教学方法。这样可以确保教学内容紧密围绕历史学科，同时激发学生的兴趣和思考能力。

第三节　信息技术辅助缺失

当前社会正处于科技快速发展的时代，各个行业都在紧跟科技发展的潮流，积极进行改革创新。教育承担着培养人才、教书育人的责任，随着时代的发展，初中历史课程改革也在不断深入，努力研究和思考、探索适合学生身心发展的教学方法，并通过发掘历史学科的特点，激发学生浓厚的学习兴趣。

历史是一门人文社会课程，其目的是培养学生的历史素养和人文素养。如何有效地教授这门学科，让学生在轻松愉悦的氛围中感受到中华上下几千年的文明，一直是笔者一直致力于研究的课题。在笔者入职以后，笔者发现学校教学硬件相对滞后，一直使用传统的教学模式，即"一支粉笔、一本书、一言堂"。随着科技的进步，教学课程逐渐改革和创新。作为教育工作者，笔者一直在探索不同的教学方法，以激发学生的学习兴趣。其中尤其有效的方法是通过生动、有趣、彰显历史特色的课件，让学生产生浓厚的学习兴趣。经过多年的历史教学总结，笔者在初中历史课堂教学中运用多媒体课件达到了良好的效果。

目前一些学校的历史教学中还是存在信息技术辅助缺失的问题。传统的历史教学往往以教师为中心，注重知识的灌输和记忆，缺乏互动和探究的环节，而信息技术辅助可以为历史学科提供多样化的教学方法和工具，如多媒体教学、虚拟实境等，可以激发学生的学习兴趣和主动性，提高他们的学习效果和能力。

因此，解决这一问题需要加强教学资源建设，提供多样化的教学方法和工具，以及拓宽评价方式的选择。只有充分利用信息技术辅助，才能更好地促进中学历史学科育人实践的发展和提高学生的历史素养。

随着信息技术的迅速发展，教育领域正面临着许多前所未有的变革，一些新概念对教育产生了深远影响。这些新概念包括云计算、大数据、智慧教育、自适应学习、人工智能辅助教学、翻转课堂、移动学习、在线教育、云课堂、多元化评价、深度学习、创客教育、无边界课堂和学校等。我们无法预测未来十年后的情景，甚至五年后可能使用的新技术现在还未发明出来。在这种情况下，学校、教师和学生必须做好准备，以迎接新技术变革教育的挑战。那么，如何做好这种准备呢？这需要进一步探讨和研究。

现今教育的重要议题是以落实核心素养为中心的生态教育，而实现生态教育的落脚点就是构建生态课堂。信息技术辅助在中学历史学科育人实践中的缺失表现在教学资源的匮乏。由于历史学科具有特殊性，需要大量的历史资料和文献来支持教学。然而，由于信息技术辅助的缺失，教师和学生往往难以获得足够的历史资源。这不仅限制了教学内容的丰富性和深度，也影响了学生对历史知识的全面理解和掌握。

原貌呈现不变通

历史学科育人实践中的主要问题之一是原貌呈现不变通。在教学过程中，很多教师只是简单地将历史事件的原貌呈现给学生，缺乏对历史事件的深入解读和思考。这种教学方式使得学生只能被动地接受历史知识，缺乏主动思考和批判性思维能力的培养。

原貌呈现不变通的问题主要体现在以下几个方面。

首先，教师在讲解历史事件时，往往只是简单地叙述事件的经过和结果，而忽略了事件背后的深层次原因和影响。这样的教学方式使得学生只能记住一些表面的历史知识，而无法理解历史事件的本质和背后的历史规律。

其次，教师对历史事件的解读和评价缺乏多样性。教师往往只传授一种观点或者只强调某种历史事件的正面影响，而忽略了其他可能的解读和评价。这样的教学方式限制了学生的思维发展和创造力的培养，使得他们缺乏对历史事件的多角度思考，难以具备批判性思维能力。随着课程改革的进一步推进，初中历史学科的教学也已不再是简单地对知识的传授、技能的培养，学科核心素养慢慢受到教师广泛的关注，正逐步掀开历史教学改革的新篇章。教师在教学设计中应对授课的方式、方法进行探究和优化，以便能够加强学生核心素养的培养。

最后，原貌呈现不变通还体现在教材的选择和使用上。一些教材只是简单地呈现历史事件的原貌，缺乏对历史事件的深入解读和分析。这样的教材不能激发学生的学习兴趣和思考能力，使得他们对历史学科的兴趣和理解程度有限。一节好课，不是每一目、每一个知识点都要讲得最好。因为这样学下来，学生脑子里布满了无数孤立的、没有联系的知识点，无法掌握历史的基本线索和规律。所以教材分析必须在符合学生学习心理逻辑的基础上，将符合学科逻辑的知识结构融入，重新优化教材、超越教材，最终实现有效教学。

为了解决这种问题，教师可以采取一些措施。首先，教师应该注重培养学生的批判性思维能力，引导他们对历史事件进行深入思考和多角度解读。其次，教师可以选择一些具有争议性的历史事件进行教学，引导学生开展讨论和辩论，进而培养他们的思辨能力和表达能力。最后，教师还可以使用多样化的教学资源和教材，提供不同角度的历史解读，激发学生的学习兴趣和思考能力。

通过解决原貌呈现不变通的问题，历史学科育人实践将更加丰富多样，学生的思维能力和创造力也将得到更好的培养。教师在进行一节课的教学设计时，应依据课程标准的要求和学生的学情进行教学目标的确定。教师有了明确的教学目标，所采用的教学方式才会更贴近历史学科内容的本质特性。所以教师在进行教学设计时，要以教材知识框架为主线，对教学内容进行科学有效的整合，同时，对相关内容进行必要的补充和完善，以便在教学过程中学生能更加全面地了解相关历史背景和历史事实，并能够对这些内容进行历史叙述或解释，以唯物史观对历史知识进行认识分析。这样的教学目标可以指引教师教学的方向，还能保证课堂教学沿着正确的轨道有序前进。

资料价值欠斟酌

历史学科的教学和研究离不开各种各样的资料，包括文献、档案、考古发现等。然而，一些教师常常忽视了这些资料的真实价值和潜在意义。

资料的价值在于它们所承载的历史信息。历史资料是我们了解过去的重要途径，通过研究和分析这些资料，我们可以还原历史事件的真实面貌，了解历史人物的思想和行动，揭示历史背后的动因和影响。因此，教师需要认真思考每个资料的价值，不仅仅是表面的文字和数据，更要深入挖掘其中的内涵和背后的故事。

历史资料是重构历史最重要的客观基础，但它不等于历史事实本身，它只是历史记载者对真实历史的一种主观反映。史料尤其是文字史料或多或少都会带有一定的主观因素，"里面可能有错误，可能有虚伪，可能有私人的爱憎，可能有地方及民族的成见"，所以开展史料教学首先要鉴别史料的真伪与内容的可信度。

资料的价值对于学生的教育意义是教师应该考虑的问题。历史学科的育人目标是培养学生的历史意识、历史思维和历史素养。而资料作为学习历史的重要工具，可以帮助学生理解历史事件的复杂性和多样性，培养他们的批判性思维和分析能力。然而，一些教师常常只是将资料作为教学的附属品，没有充分发挥其教育价值。教师需要思考如何将资料融入到教学中，以激发学生的学习兴趣和思考能力。

资料的价值在于它们对于历史研究的推动作用。历史学科的发展离不开对历史资料的研究和利用。通过对资料的深入研究，我们可以发现新的历史事实和观点，推动学科的进步和发展。然而，有的教师常常只是进行资料搜集和整理，没有深入挖掘其潜在的研究价值。教师需要思考如何发掘资料的深层次意义，开展创新性的历史研究。

需要认识到资料的真实价值和潜在意义，将其作为教学和研究的重要资源，发挥其在历史学科育人实践中的重要作用。

问题结论固定化

有效把握课堂的45分钟，是提高历史课堂教学效率的关键。一节课应该讲什么、讲多少，一定要重点突出。在课改不断强调把课堂还给学生的今天，让学生学会自主学习是很关键的。教师在教学过程中要重视学生，语言贴近生活，让复杂的东西简单化、基础化，训练学生具有更好的自主阅读和理解能力。然而，很多教师在教学过程中，会出现问题结论固定化的问题。这个问题的核心在于学生在学习历史时，往往只注重记忆和背诵历史事件的结论，而忽视了对历史事件的深入思考和理解。这种固定化的问题表现在学生对历史事件的认识只停留在表面，缺乏对历史事件的批判性思维和分析能力。

长此以往，将导致学生对历史事件的理解变得肤浅。他们只关注历史事件的结果和结论，而忽略了历史事件发生的背景、原因和过程。这种片面的理解使得学生对历史事件的意义和影响缺乏全面的把握，无法真正理解历史事件的复杂性和多样性。学生如果缺乏对历史事件的批判性思维能力，他们将习惯性地接受历史事件的结论，而不去质疑和思考其中的真实性和合理性。这种缺乏批判性思维的倾向使得学生容易受到历史事件中的误导和偏见的影响，无法形成独立思考和判断的能力。

一些学生对历史事件的记忆变得机械化，只是简单地记住历史事件的结论，而没有对其进行深入的思考和理解。这种机械化的记忆方式会使学生容易遗忘和混淆历史事件，无法形成系统和有机的知识结构。

解决问题结论固定化的关键在于培养学生对历史事件的深入思考和理解能力。教师可以通过引导学生对历史事件进行分析和讨论，培养他们的批判性思维和分析能力。

每节课开始时，教师可以设计几个重点问题，让学生自主阅读教材后找出答案。教师可以让学生先熟悉本课内容、培养阅读能力，也可以让学生独立思考相关问题。

在接下来的课堂教学过程中，教师应精心设计课堂教学内容，使各个环节紧凑连接，过渡自然。因为一节课上学生的注意力不可能时刻都集中在教师身上，所以教师在课堂中要不断用问题引导学生，还要注意因题而问，用不同难度的问题提问相对应的学生，让每个学生都时刻关注教师的问题，让不同的学生都能够得到关注。在重点问题上，教师要让学生举一反三，加深印象，并在学生回答正确后给予肯定。可能对于有的学生来说回答对一个问题，就会开心一节课，也会在之后更加专注。教师使学生专注课堂内容，明确本节课的学习目标，能使学生形成良好的学习习惯和学习行为。

同时，教师还可以通过多样化的教学方法和资源，激发学生对历史事件的学习兴趣和好奇心，提高他们对历史事件的主动学习和探究能力。只有这样，学生才能真正理解历史事件的复杂性和多样性，形成独立思考和判断的能力。

混淆视听显低效

随着社会的不断发展，多媒体已经被广泛地运用到教学活动中，网络与教学的科学整合为历史教学带来了更多的便捷和实效性。多媒体辅助课堂教学充分利用了多媒体技术给学生带来视觉和听觉上的直观冲击，从而加深学生对知识的理解记忆。在课堂教学中，多媒体辅助教学通过声音、图片、动画等资源的有机结合，为学生创设出生动、形象的教学情境，使得学生的综合感官被有效调动起来，从而积极主动地参与到教学活动中。

首先，初中学生对于多媒体所带来的教学印象将更加持久。通过多媒体辅助教学，教师可以利用图片、动画等元素将知识点呈现得更加生动形象，从而加深学生对知识的印象和理解。这些元素可以有效地帮助学生更好地理解和记忆知识点，使得学生对知识的掌握更加扎实和牢固。

其次，多媒体辅助教学可以有效拓展教学资源。在传统教学中，教师只能依靠自己的语言和板书来传授知识，而现在教师则可以通过多媒体技术将更多的资源融入教学中。比如，结合教学内容，播放相关历史题材的电影或纪录片，可以加深学生对于历史事件的记忆，教师在此基础上再深入剖析历史事件发生的背景、原因、经过、结果和关键人物等，能有效促进学生对历史知识的理解和掌握。同时，多媒体辅助教学还可以将知识点与实际生活相联系，让学生更好地理解和应用所学知识。

多媒体辅助教学在初中教学中具有重要的作用和意义。通过多媒体辅助教学，教师可以更好地帮助学生理解知识、掌握技能，并提高他们的学习兴趣和积极性。因此，我们应该积极推广多媒体辅助教学，发挥其优势，为教学带来更多的便捷和实效性。

漫画多媒体教学

然而，并非所有的史料都能通过投影屏幕的方式有效地传达给学生。历史故事和某些细节的呈现，如果仅仅依赖于屏幕，可能会限制其表现力，无法充分展现历史事件的生动性和情感的震撼力。举例来说，当教师用投影屏幕展示米诺斯迷宫的故事时，尽管教师根据屏幕内容进行朗读，学生的视觉和听觉被同时调动起来，但这种方式可能达不到最佳的教学效果。若教师能够以更为生动的方式讲述这个故事，学生将能更好地集中注意力，并调动更深层次的情感来体验希腊古代文明的神奇与魅力。

因此，如何根据不同的教学内容来充分发挥学生的各种感官功能，是历史教师应当深思的问题。

在历史教学中，讲述法作为一种传统的教学方式，依然是一种重要的史料呈现方式。教师通过口头表述，能够将历史事件、人物和情境生动形象地展现在学生面前，帮助学生更好地理解和掌握历史知识。在传统的教学环境中，教师需要通过自身的讲述来吸引学生的注意力，上海特级教师孔繁刚老师的讲述就具备了细节生动、饱满激情和深邃智慧等特点，展现出其高超的教学技能和史学素养。

随着信息技术的发展，教师拥有了更加丰富的史料来源。然而，教师不能因此就忽视了历史教学前辈所积累的宝贵经验。这些经验凝聚着他们的智慧和辛勤劳动，是历史教学中的重要财富。教师应该更加注重提高自身的史学素养和教学技能，同时恰当地运用信息技术，使其更好地服务于教学目标和学生的发展。

在应用信息技术时，教师应遵循针对性、科学性和必要性的原则。信息技术只是一种工具，它不能完全取代传统的教学方式。相反，其应该服务于教学目标的实现，为学生提供更加全面、系统和深入的历史知识。因此，教师在历史教学中应该注重技术应用的适度和平衡，避免过度依赖信息技术而忽略了人的价值。

第三章

中学历史学科育人实践的目标意识

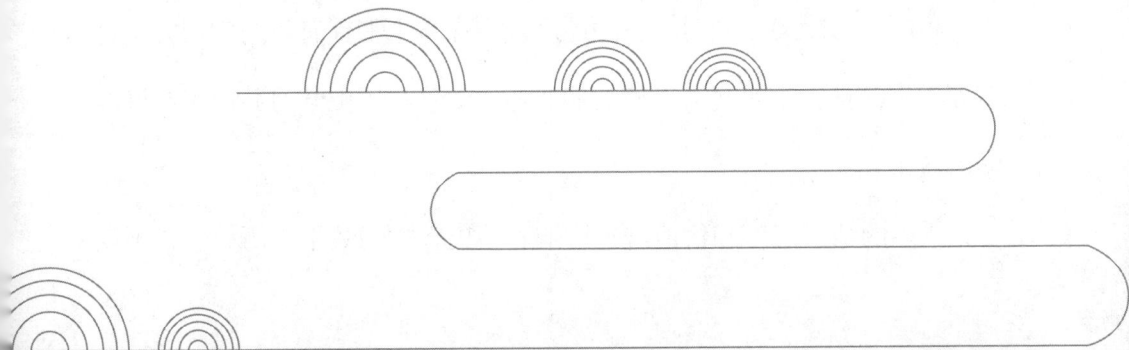

第一节　立足学生发展，确立有效目标

中学历史学科育人实践中，着重需要探讨如何立足学生发展来确立历史教学的有效目标。历史教学的目标意识是指教师在教学过程中明确并追求的教育目标，而促进学生的全面发展则是教学目标的核心和出发点。

确立历史教学的有效目标需要充分了解学生的认知水平、兴趣爱好和学习需求。教师可以通过调查问卷、观察和交流等方式，了解学生对历史学科的认知程度、对历史事件的兴趣爱好以及对历史学习的需求。在此基础上，教师可以制定相应的教学目标，以满足学生的学习需求，进而促进其全面发展。

同时，在历史教学中，教师还要关注学生的学习能力和学习方法。历史学科的学习需要学生具备一定的分析、归纳、推理和判断能力，因此教师应该根据学生的学习能力制定相应的教学目标，帮助学生提高历史学科的学习能力。同时，教师还应该引导学生掌握有效的学习方法，培养学生的自主学习能力，使他们能够主动参与历史学习并取得良好的学习效果。

学生的情感态度和价值观也影响着历史教学的效果。历史学科不仅仅是一门知识学科，更是一门涉及人类情感、价值观和思想观念的学科。教师应该通过历史教学，引导学生正确对待历史事件，培养学生的历史情感和历史责任感，促进学生形成正确的历史观和价值观。

立足学生发展确立历史教学有效目标的内容主要包括：了解学生的认知水平、兴趣爱好和学习需求；关注学生的学习能力和学习方法；关注学生的情感态度和价值观。通过这些内容的探讨和实践，教师可以确立适合学生发展的历史教学有效目标，促进学生的全面发展和素质提升。

目标的科学性

目标的科学性是指在中学历史学科育人实践中，确立和追求具有科学性的教育目标。历史学科育人实践的目标意识应当具备科学性，即基于科学的理论和方法，明确学生的发展需求和社会需求，以科学的方式制定教育目标。

在中学历史学科育人实践中，目标的科学性体现在以下几个方面。

1. 基于学科本身的特点

历史学科是一门以研究人类社会发展和演变为主要内容的学科，因此，为确保历史学科教育目标的科学性，需要基于学科的特点，明确培养学生对历史事件、人物和文化的理解和分析能力，以及对历史思维和历史方法的运用能力。

2. 基于学生的发展需求

为确保历史学科的教育目标的科学性，还需要考虑学生的认知、情感、道德、审美等方面的发展需求。在历史学科育人实践中，目标的科学性应当关注学生的思维能力、批判性思维能力、跨文化交流能力等方面的培养，以促进学生全面发展。

3. 基于社会需求

历史学科育人实践中，为确保历史学科的教育目标的科学性，应将目标与社会的发展需求相契合，培养具有国家认同感、文化自信心和国际视野的公民，以适应社会的发展和变革。

4. 基于教育科学的原则

为确保历史学科教育目标的科学性，还需要遵循教育科学的原则，如个别差异原则、循序渐进原则、因材施教原则等。教师在制定历史学科育人实践的目标时，应当充分考虑学生的个体差异，根据学生的实际情况和能力水平制定具体、可行的目标。

目标的科学性是中学历史教学中不可忽视的重要方面。只有确立和追求具有科学性的教育目标，才能更好地促进学生的全面发展和社会的进步。

目标的适切性

教师在教学过程中要根据学生的认知水平、兴趣爱好、学习能力等方面的差异，合理选择和设计教学内容和方法，以达到最佳的教学效果。在历史学科育人实践中，目标适切性的重要性不可忽视。

首先，目标适切性要求教师在教学内容的选择上要考虑到学生的认知水平。不同年级的学生对历史知识的理解能力和接受程度有所不同，因此教师应根据学生的年龄特点和学习能力，合理选择适合他们的历史知识内容。例如，在初中阶段，教师可以选择一些简单易懂、生动有趣的历史事件或人物进行教学，以激发学生的学习兴趣和积极性。

其次，目标适切性还要求教师在教学方法的设计上要考虑到学生的兴趣爱好。学生对历史学科的兴趣程度不同，因此，教师应根据学生的兴趣爱好，采用多样化的教学方法，如讲故事、观看历史纪录片、参观实地等，以激发学生的学习兴趣，提高他们的学习积极性。

最后，目标适切性还要求教师在教学过程中要关注学生的学习能力。不同学生的学习能力存在差异，有的学生学习能力较强，有的学生学习能力较弱。因此，教师应根据学生的学习能力，采用不同的教学策略和方法，如分层教学、个性化辅导等，以满足学生的学习需求，提高他们的学习效果。

例如：（八年级）"近代的生活方式"教学目标比较

A目标：

1. 了解科技发展推动社会进步

了解随着工业革命的开展和科学技术的发展，人类社会的文明不断进步，生活质量日益提升，具体表现为：城市化进程日益加快，交通、通信、建筑、卫生、教育和商业在发展中日趋完善。了解资本主义社会发展到一个新的高度，创造了被称为"维多利亚时代"的资本主义的繁荣。

2. 提高自主学习的能力

通过分析教材中的"世界若干城市的人口增长表",提高学生自主学习的能力;通过对历史数据变化的观察、处理和分析,找出历史发展重要进程的脉络。

3. 树立崇高理想

懂得科学技术在人类文明进步中的重要作用,从而树立尊重科学、热爱科学和献身科学事业的崇高理想。

B目标:

1. 知识与技能

知道随着工业经济的发展,出现了世界范围内的城市化进程,改变了人们的生活方式。

了解科技革命、工业经济发展与城市化之间的关系。

2. 过程与方法

通过对历史数据变化的分析,找出历史发展重要进程的脉络。通过对相关图片、文字资料的观察和思考,提高从史料中发现问题、解决问题的能力。

通过世界城市化和上海近现代城市发展历史的对照分析,提高类比分析的能力。

3. 情感态度与价值观

知道科学技术在人类文明进步中的重要作用,从而树立在享受现代文明成果的同时,也要参与现代文明创造的理想。

分析和关注城市化过程中出现的问题及人们在城市生活中应注意的问题，增强公民责任意识。

总体来看，两个目标都设计得不错，但如果从适切性的角度去分析，则B目标做得更好。首先，从"知识与技能"目标来看，B目标更聚焦，重点从更贴近学生生活的"科技革命、工业经济发展与城市化之间的关系"去解读，而A目标则显得相对零散，面面俱到。其次，从"情感态度与价值观"目标来看，B目标"树立在享受现代文明成果的同时，也要参与现代文明创造的理想""分析和关注城市化过程中出现的问题及人们在城市生活中应注意的问题，增强公民责任意识"，显然比A目标"树立尊重科学、热爱科学和献身科学事业的崇高理想"，更符合时代对学生的发展需求。

综上所述，目标适切性是历史学科育人实践中的重要内容。教师应根据学生的认知水平、兴趣爱好和学习能力，合理选择和设计教学内容和方法，以提高学生的学习兴趣和效果，培养他们的历史学科素养。

目标的具体性

在中学历史学科育人实践中，目标的具体性是指明确和具体化教育目标，以便更好地指导教学和评价学生的学习成果。具体而言，包括以下几个方面。

1.知识目标的具体性

明确规定学生需要掌握的历史知识内容，包括历史事件、人物、地理位置等。教师明确规定具体的知识目标，可以帮助学生建立起对历史的基本认知和理解。

2. 技能目标的具体性

明确规定学生需要具备的历史学科相关的技能，如历史文献的分析能力、历史事件的解读能力等。教师明确规定具体的技能目标，可以培养学生的历史思维能力和历史研究能力。

3. 情感目标的具体性

明确规定学生需要培养的历史情感和历史态度，如对历史事件的尊重、对历史人物的敬佩等。教师明确规定具体的情感目标，可以引导学生形成正确的历史观念和历史情感。

4. 价值观目标的具体性

明确规定学生需要培养的历史价值观，如民主、平等、和平等。教师明确规定具体的价值观目标，可以引导学生树立正确的历史价值观，培养他们的公民意识和社会责任感。

例如:（高中历史必修一）"应该感谢鸦片战争吗"教学目标（部分）

1. 搜集、整理相关史料

学生应当在教师引导下，通过书籍和专门网站的相关介绍，搜集并整理有关鸦片战争的史料。学生需要了解这些史料所展现的历史事件，并理解教师推荐的书籍和网站中作者的基本观点。

2. 剖析历史事件并领悟历史唯物主义的核心原理

通过对鸦片战争这一重大历史事件的深入剖析，我们可以直观地领悟以下历史唯物主义的核心原理：

历史事件对社会发展产生深远影响。鸦片战争作为中国近代史上的重大事件，其影响范围广泛，包括国家政策、经济结构、文化观念等多个层面。这种影响机制反映了历史事件在社会转型过程中所起的决定性作用。

社会转型过程中，各种因素的相互作用促成了历史事件的演变。在鸦片战争中，政治、经济、文化等多重因素相互交织，共同作用，导致了中国社会的剧烈变革。这种整体性的分析方法使学生认识到历史事件的复杂性以及各种因素之间的相互关联。

历史事件的评价应基于对社会转型的客观分析。在评价鸦片战争的影响时，学生需要全面考虑它对中国社会转型的多方面作用，从而更为客观地评价历史事件。这种评价方法为学生提供了更为全面的视角，使学生能够深入理解历史事件的本质。

3.学习历史演进的辩证法

通过对鸦片战争这一涉及民族、社会转型的重大历史事实的深入剖析，我们可以直观地领略到历史演进的辩证法。

首先，我们探讨的是道义原则与文明原则之间的相互矛盾。道义原则主要指对善恶、正义与非正义的判断与追求，而文明原则更多地涉及对人类社会发展与进步的追求。然而，这两者在历史发展过程中并不总是协调一致的。在鸦片战争中，中国的道义原则受到了英国以商业利益为目的的文明原则的冲击，这种冲击进而引发了一系列深刻的社会变革。

其次，历史演变的条件具有特定性和多质性。特定的历史事件在特定的条件下发生，这是历史演变特定性的表现。然而，每个历史事件又包含了许多相互关联的方面和因素，这是历史演变多质性的体现。以鸦片战争为例，它的爆发既是英国对中国的特定侵略行为所致，也是中国内部存在的种种问题所引发的。

最后，我们不应忽视的是侵略民族与被侵略民族的同一化问题。侵略行为被视为非正义甚至是罪恶的，侵略行为促进了被侵略民族的觉醒与进步。当然，这种进步并非被动接受侵略者的影响，而是通过反思、抵抗和变革来实现的。

将本课所可能达成的"感受历史唯物主义的基本原理"目标细化为4条，将"体验历史发展的辩证"目标细化为3条，都体现了教学目标的"具体性"；"通过书籍和专门网站的相关介绍，搜集并整理有关鸦片战争的史料"体现了教学目标的"可操作性"；而"可调整目标"的设定更体现了以学生发展为本的理念，课堂随学生变化而变化，目标也更具灵活性。

明确目标的具体性，可以使中学历史学科育人实践更加具有针对性和有效性。教师可以根据具体的目标要求，设计相应的教学活动和评价方式，帮助学生全面发展并达到预期的教育效果。

目标的统一性

历史学科育人实践中要求学生在学习历史知识和理解历史事件的过

程中，能够形成整体性的认知和思维方式，我们称为统一性。这种统一性体现在对历史事件的分析、解读和评价上，要求学生能够将历史事件与其背后的社会、政治、经济等因素相互联系起来，形成一个完整的历史观。

在历史学科育人实践中，培养学生的统一性意识有助于他们形成系统性的历史思维。通过学习历史，学生能够了解到历史事件之间的内在联系和相互作用，从而形成对历史发展的整体性认知。这种统一性的思维方式有助于学生更好地理解历史事件的背景和原因，从而提高他们的历史分析和解读能力。

此外，统一性还有助于培养学生的批判性思维。通过对历史事件的统一性分析，学生能够辨别历史事件中的主次关系，理解历史事件的多重因果关系。这种批判性思维能力使学生能够对历史事件进行深入的思考和评价，形成独立的历史观点。

例如：（七年级）"两宋新格局"教学目标

1. 知识与技能

了解陈桥兵变事件及其与北宋建立的关系，清楚北宋实行"崇文抑武"国策的背景和具体措施，深刻理解该政策对中国社会文化的长期重要影响。

2. 过程与方法

通过阅读材料和小组讨论，逐步认识：

（1）除了官方正史之外，各种诗词曲赋、小说传奇、文集中记录的史实、考古资料等都是我们探究历史的重要途径。特别值得一提的是，文学作品在历史研究中具有独特的价值。

（2）"当时之简"和"后来之笔"的差别。

3.情感态度与价值观

经过对历史的学习，学生可以逐渐认识到，历史学习最好的方法并非通过枯燥的死记硬背，而是需要调动自己已学过的知识和人生经验去探索、去感受。历史学习要求学生运用智慧去领悟其中的精髓，是一门充满智慧和乐趣的学科。

本课的三维目标浑然一体，学生在阅读材料和小组讨论的基础上，体验了从多种史料中获取历史信息和生成结论的过程，知道和理解了北宋的"崇文抑武"国策，更从这种体验中感受到了历史的智慧和趣味。如果每一堂历史课都是这样三维目标层层推进、互为依托的话，相信历史的魅力一定会更强。

教师通过培养学生的统一性意识，可以帮助他们形成系统性的历史思维和批判性思维，提高他们的历史分析和解读能力。

第二节　重视整体教学设计，把握关键环节

美国教育心理学家加涅说："教学设计是一个系统化规划教学系统的过程，教学系统本身是对教学资源和程序做出有利于学习的安排，任何组织机构，如果其目的旨在开发人的才能均可以被包括在系统中。"在教学设计中，教师应该全面考虑历史学科的特点和学生的需求，以确保教学过程的连贯性和有效性。

首先，教师应该明确历史教学的核心内容和目标。通过对历史学科的深入研究和理解，教师可以确定教学的重点和难点，以及学生需要达到的知识、能力和情感目标。在整体教学设计中，教师应该将这些目标融入每个教学环节中，确保学生在学习历史的过程中能够得到全面发展。

其次，教师应该注重教学过程的连贯性。在整体教学设计中，教师应该将不同的教学环节有机地连接起来，确保学生能够在不同的环节中逐步深入地理解历史知识。教师可以通过设计问题、引导讨论、组织实践活动等方式，将不同的教学内容和任务有机地结合起来，使学生能够形成完整的历史学习体验。

最后，教师还应该注重历史教学的关键环节。在整体教学设计中，教师应该特别关注历史教学中的关键环节，如历史概念的引入、历史事件的分析、历史文献的解读等。通过这些关键环节，教师可以帮助学生建立起对历史的整体认识和理解，提高他们的历史思维能力和历史素养。

教师应该明确历史教学的核心内容和目标，注重教学过程的连贯性，以及关注历史教学的关键环节，从而提高学生的历史学习效果。

内容科学设定有机结合

教师通过合理的教学设计和实践活动，能使学生深入理解历史学科的知识和概念，并能够将其应用于实际生活中。

有机结合内容是指将历史学科的内容与学生的实际生活经验相结合。教师通过引入具体的案例、故事或实例，可以帮助学生更好地理解历史事件和人物的背景和意义。例如，教师可以通过讲述历史上的英雄人物或重大事件相关的故事，激发学生的学习兴趣和好奇心，使他们更加主动地学习历史知识。

科学设定达成路径是指根据学生的认知水平和学习需求，合理设定学习目标和学习路径。在历史学科的教学中，教师可以根据学生的年龄、知识背景和学习能力，设定不同的学习目标和任务。例如，对于初中生来说，教师可以通过让他们分析历史事件的原因和影响，培养他们的思辨能力和历史思维；对于高中生来说，教师可以通过让他们进行历史文献的研读和解读，培养他们的独立思考能力和批判性思维能力。

我们来看一下七年级教学中"中华人民共和国建立"教学的实录片段：

师：1949 年10月1日的开国大典（出示照片）承载了无数国人的期盼，建立一个和平、统一、富强的国家。让我们来看一段视频《开国大典》，了解一下毛泽东主席宣告的内容是什么，感受一下开国大典上人们心情如何。请看视频。

（播放视频）

师：毛泽东主席宣告的内容是什么？

生：中华人民共和国中央人民政府今天成立了！

师：从这句话中可以看出我们国家的国名是什么？

生：中华人民共和国。

师：代表这个新生国家的政府是什么？

生：中央人民政府。

师：是的，中央人民政府。它不同于国民党的国民政府，更不同于之前的清政府，它是人民当家作主的"人民政府"。开国大典上鸣放礼炮共多少响？

生：28响。

师：28响象征着中国共产党从1921 年到1949 年领导中国各族人民浴血奋战的28年历程。28年间，中国共产党带领人民英勇奋斗，开启了中国历史新的篇章。大家注意到开国大典上人们的情绪怎样？

生：充满喜悦。

师：从什么地方可以看出充满喜悦？

生：人们欢呼……

师：是的，从领导人到群众对新生的政权充满希望。可当时摆在新政权面前的困境仍然存在，经济落后，战争和灾害让千万难民流离失所，粮食奇缺，物资稀少，政治上也不稳定。该怎样摆脱困境，建立人民所希望的国家？

师：共产党还要领导中国人民进行艰苦的探索。而这种探索早在中华人民共和国成立以前就开始了。请看油画（出示油画《开国大典》），这是一幅很多人熟悉的经典之作，作者董希文1952年完成初稿。虽然油画中的情景和我们刚才看到的视频资料有所不同，是经过作者艺术加工的，但我们从中还是可以捕捉到很多历史信息。你知道画中主要有哪些历史人物吗？

生：毛泽东。

师：后面呢？老师把图片放大，我们来看一下主要的人物。人物原型参考了出席第一届政协会议委员照片（出示照片），在第一届政协会议上，毛泽东全票当选为国家主席，刘少奇、朱德、宋庆龄、李济深、张澜和高岗当选为副主席。我们的国家领导人是选举产生的，这是民主共和制度，所以我们的国家叫"人民共和国"。其中民盟是中国民主同盟的简称，是一个民主党派；民革的全称是中国国民党革命委员会，也是民主党派，主席是李济深，名誉主席是宋庆龄。《开国大典》上这些人的身份说明新政权的组建方式是什么样的？

生：既有共产党，也有民主党派。

师：这就是多党合作的政治协商会议制度，为中国现代民主制度的发展勾画了蓝图。

师：请大家再仔细观察这幅油画，你觉得作者想通过这幅作品表达什么想法？

生：让人们看到一个崭新的中华人民共和国。

生：向世界展现一个独立、自信的中华人民共和国。

师：大家说得真好！我们和所有的观赏者一样，可以感受到作者在《开国大典》中传达了"伟大祖国的独立、自由、繁荣、昌盛与和平"的情感和民族精神，也代表中华人民共和国民主独立、团结自信的崭新面貌。那是不是"开国大典"举行了，从此我们就一帆风顺了？

生：不是，困难还有很多。

师：是的，全国人民团结一心，政治上共同追求，经济上也要有坚实的基础，但此时的中华人民共和国还是世界上最贫困的国家之一。90％的人口生活在农村，而当时农村70％—80％的土地还在地主手中，无地和少地的农民在贫困和饥饿间挣扎，怎么办？

师：土地改革，让农民成为土地的主人，这个探索在中华人民共和国成立之前的解放区已经开始了，1950年6月《中华人民共和国土地改革法》公布，法律规定废除地主土地所有制，实行农民土地所有制，使无地、少地的农民获得了土地。

师：请大家阅读教材，1949年至1952年农业生产总值和粮食产量有何变化？说明什么问题？

生：农民农业生产的积极性得到极大的提高。

师：是啊，有了土地，老百姓就有了安身立命之本。当时"跟共产党走"成为亿万农民的心声，人们为了过上好日子，团结自强。

师：可就在土地改革刚刚起步的时候，1950年6月，我们的邻国朝鲜爆发了战争。

师：当时，无论做出何种决定，都非常的艰难。一种意见认为，从自身而言，我们面临生存威胁，要保卫领土安全；从对外而言，我们要援助朝鲜，应该出兵。另一种意见认为，中华人民共和国政权尚未稳定、经济十分贫困、军队装备落后、台湾尚未解放、厌战情绪高涨等，不宜出兵。

师：据毛泽东主席身边的警卫回忆，毛泽东主席一个星期没刮胡子，夜不能寐，靠吃安眠药入睡，出兵不出兵成为艰难的决策。但最终出于保卫国家安全的需要，党中央决定组建志愿军支援朝鲜。

师：1950年10月19日，中国人民志愿军入朝作战"抗美援朝"。让我们看一段视频。

（播放视频《新中国成就档案：抗美援朝战争》片段）

师：想一想抗美援朝的意义何在？

生：展示了中华人民共和国的新形象。

师：什么新形象？

生：独立、不可侵犯……

师：是的，就如一位教授所说："在长达33个月与世界头号强国美国的战争中，中国以弱抗强，竟然能够坚持到底，且与美国代表平起平坐地签订了停战协定，这不能不令世人对中华人民共和国刮目相看。"

师：1949年10月1日，中华人民共和国庄严宣告成立，从那一刻起，昔日受奴役、受压迫的中国人民成为国家的主人。面对千疮百孔、百废待兴的国家，面对一切敌对势力的包围封锁，中国人民在新政权的带领下，以前所未有的热情团结一心，经历民主协商、土地改革、抗美援朝的艰难探索，在短短三年时间向全世界展现了一个民主、自强、独立的全新形象。这也是新生政权实行"人民民主专政之路"的智慧所在。

本课内容主旨设定为，"中华人民共和国的建立翻开了中国历史新篇章，但新生的政权也面临着多种阻境。政治协商、土地改革与抗美援朝是中华人民共和国巩固政权和突破阻境而进行的艰难探索，改变了国家面貌的同时，也向世界展现了民主、自强、独立的形象"。在该内容主旨中，教师重点从新政权探索如何树立国家形象的角度去把握整节课内容，这就跳出了过往仅从"不再被列强侵略、不再被国民政府奴役"的被动视角，而是从追求民族复兴和融入现代化的主动视角去重新审视这一历史。也正因为有了全新的视角，让本课中"政治协商、土地改革、抗美援朝"三个子目标也被赋予了新的含义，"政治协商"体现了新政权对民主的追求，"土地改革"体现了新政权对自强的追求，"抗美援朝"则体现了新政权对独立的追求。由此，中华人民共和国的新形象便清晰可见了。由此，帮助学生更好地理解历史学科的知识和概念，并能够将其应用于实际生活中。这种教学方法不仅可以提高学生的学习兴趣和主动性，还可以培养学生的思维能力和创新能力，为他们未来的学习和发展奠定坚实的基础。

贴近目标引领价值

导入贴近目标和体现价值引领在历史教育中是非常重要的。通过导入贴近目标，教师可以引起学生对历史学科的学习兴趣和关注，激发他们的学习动力。同时，通过体现价值引领，教师可以培养学生正确的价值观和道德观，使他们在历史学科的学习中能够更好地理解和尊重历史的价值。

在导入贴近目标方面，教师可以通过引用有关历史的故事、事件或者名人名言来吸引学生的注意力。例如，教师可以讲述一位伟大的历史人物的故事，或者介绍一个与学生生活息息相关的历史事件，以此来引起学生的兴趣和好奇心。通过这样的导入，学生可以更好地理解历史学科的重要性和意义，从而更加主动地参与到历史学习中来。

在教学中，教师还可以运用多种教学方法启发学生的思维，帮助学生进行理解记忆，降低知识点背诵的难度，提高学习的兴趣，包括谐音记忆法、对比记忆法、歌谣记忆法、数字规律记忆法、趣味记忆法等。如在学习"唐朝建立"时，教师可以教给学生"李渊见糖留一把"（李渊建立唐朝618年）。教师可以让学生将公元前221年（秦始皇建立秦朝）对比公元221年（刘备建立蜀国）进行记忆；在学习《马关条约》时，教师可以尝试着让学生用口诀记忆："一八九五条约签，鸿章博文在马关。割岛赔款二亿两，开放沙重与苏杭。口岸设厂使日本，殖民地化大加深。"这样较为简明地概括了《马关条约》签订的时间、人物、地点、内容和影响。教师通过浓缩课文内容和巧编口诀，不但使学生在学习历史时牢固地掌握了烦琐的学习内容，更为重要的是在不知不觉中培养了学生们学习历史的浓厚兴趣。

在体现价值引领方面，教师可以通过讲解历史事件的背景和影响，引导学生思考历史事件对社会、国家和个人的价值和意义。例如，教师可以讲述一场重大的战争对人类文明的影响，或者介绍一位伟大的历史人物对社会进步的贡献。通过这样的讲解，学生可以更好地理解历史的价值和意义，同时培养正确的价值观和道德观。

通过合适的导入方式和体现正确的价值观，教师可以激发学生的学习兴趣和动力，使他们更好地理解和尊重历史的价值。

过渡衔接自然

历史学科作为一门人文学科，不仅仅是为了传授历史知识，更重要的是通过历史的学习和研究，培养学生的综合素养和人文精神。在历史学科的教学中，教师通过合理的教学设计和方法，过渡衔接自然，使学生能够更好地理解历史的发展脉络，从而更好地认识和把握历史的本质和规律。

在历史教学中，如何做到过渡衔接的自然呢。首先，教师应介绍历史学科的核心概念和基本原理，帮助学生建立起对历史学科的整体认识和理解。其次，教师将通过具体的历史案例和事件，引导学生深入思考历史的发展过程和影响因素，培养学生的历史思维和分析能力。最后，教师还应通过历史学科与其他学科的融合，促进学生的跨学科思维和综合能力的培养。

此外，建立历史学科的教学方法和评价体系。教师可以介绍一些有效的教学方法，如案例分析、讨论式教学和实地考察等，以激发学生的学习兴趣和主动性。同时，教师应探讨如何建立科学合理的评价体系，以全面评估学生的历史学科能力和素养。

教师通过过渡衔接的内容，培养学生对历史学科的兴趣和热爱，提高他们的历史素养和人文精神，自然导向历史教学的终极目标。同时，通过历史学科的学习，培养学生的批判性思维和创新能力，为他们未来的发展打下坚实的基础。

精心选择资源

历史是过去所发生的事情留下的一些记忆，在实践教学中，教师仅凭借课本文字、语言口述，是很难对当时的实际情景进行还原的，即使学生掌握了，也是死记硬背，达不到印象深刻，而信息技术的引入，就可以帮助学生突破这一难关。所以，在历史教学的实际开展中，教师可以引入多媒体进行趣味化、生动化的课前导入，开展好一堂课，促进历史教学和信息技术的整合。精心选择资源是一项关键的策略，旨在促进学生达成学习目标。通过精心选择资源，教师可以提供丰富多样的学习材料和工具，以激发学生的学习兴趣和积极性。

教师可以选择与学习目标紧密相关的资源。这些资源可以包括历史文献、研究报告、学术文章等，以帮助学生深入了解历史事件、人物和时代背景。通过阅读和分析这些资源，学生可以更好地理解历史的发展和演变过程。

教师还可以选择多媒体资源来促进目标的达成。例如，使用图片、音频和视频等多媒体素材，可以帮助学生形象地理解历史事件和文化背景。通过观看历史纪录片、听取历史音乐或参观历史遗址等活动，学生可以更加深入地感受历史的魅力，从而提高学习效果。

比如在讲解八年级上册第8课《革命先行者孙中山》时，教师可以先播放《习近平总书记在纪念孙中山诞辰100周年的大会上的讲话》的一段剪辑视频，指导学生认真聆听习近平总书记重要讲话中对孙中山的评价，在观看之后，给学生预留空间，让学生思考习近平总书记评价了孙中山的哪些英雄事迹，为什么有如此之高的评价。这样可以很快将学生带入本课的学习，激发起学生探究知识的欲望，使学生学习动力更加充实，使得教学效率得到提升。所以制作多媒体历史课件对于引入新课很有必要，给学生的代入感很强。

此外，教师还可以利用互联网资源来丰富学生的学习体验。通过使用在线数据库、电子图书馆和学术网站等资源，学生可以获取更广泛和深入的历史知识。同时，教师还可以引导学生进行在线讨论、合作研究和信息分享，以促进他们的批判性思维和合作能力的发展。

目前使用的统编教材较之以往的教材增加了一些政治性较强、与时事密切结合的学习内容。这对师生来说既是机遇也是挑战。教师在教学中要利用这些内容，帮助学生对时事建立起更加感性的认识，将时事政治、历史学习和生活实践无声融合，实现我们平时所说的"政史不分家"。比如在学习《为实现中国梦而努力奋斗》一课时，教师可以介绍"一带一路"倡议的情况，使学生了解到"一带一路"倡议的提出过程及其世界性意义。

通过选择与学习目标相关的资源，教师可以激发学生的学习兴趣和积极性，提高他们的学习效果和成果。同时，多媒体资源和互联网资源的应用也可以丰富学生的学习体验，培养他们的批判性思维和合作能力。

自然凝练升华

历史学科作为一门人文学科，通过对历史事件、人物和文化的研究，旨在培养学生的历史意识、文化素养和批判性思维能力。教师应将历史学科的知识和理论进行整合和提炼，使其更具有深度和广度，进而展现出学科的独特价值。

历史学科的内容繁杂而广泛，包括了各个历史时期、地区和主题的研究。教师在编写教材或教学大纲时要对这些内容进行筛选和整合，将其凝练为核心概念和重要事件，以便学生能够更好地理解和掌握。通过自然凝练内容，对主题进行升华，历史学科的知识可以更加简明扼要地呈现，使学生能够更加深入地理解历史的本质和发展规律。

历史学科的理论包括历史观、历史方法和历史研究的范式等。通过对这些理论进行整合和提炼，可以使其更加系统和完善。自然凝练升华能够将历史学科的理论与实践相结合，使学生能够更好地理解历史学科的研究方法和思维方式，培养他们的批判性思维和创新能力；可以使历史学科的知识和理论更加深入人心，引发学生对历史的思考和探索。同时，历史学科的知识和理论也能够与其他学科进行交叉融合，形成综合性的学科体系，为学生提供更加全面和多元的学习体验。

例如：

"自强新政"一课的总结比较	
A总结	B总结
思考：洋务运动对中国社会历史发展进程产生了怎样的影响？ 归纳：洋务运动是中国近代史上的一次重要事件，它标志着中国开始向现代化迈进。然而，由于受到时代的局限，洋务运动最终以失败告终。尽管如此，它仍然是中国近代史上的重要篇章，具有重要的历史意义。	面对世界现代化的大潮流，洋务派以"新政"的形式做出了中国人的响应。他们进一步扩展了"西学"的外延和内涵，并将其付诸实践，从而使中国的现代化进程迈出了宝贵的第一步。洋务新政旨在完成从封建专制时代向资本主义时代的转型，这一举措符合历史发展的趋势和实际需求，毫无疑问在当时的中国发挥了积极和进步的作用。此外，洋务派的勇于打破陈规、学习西方的精神表现出自强、进取和抗争的特质，这决定了中国现代化的历程不会因此而终止。

"自强新政"一课的总结比较	
A总结对于洋务运动的评价，既包含了其功绩，也指出了其过失，两者各有千秋，难分高下。然而，作为一堂以新史观为指导的课程，该总结并未能充分体现出对于洋务运动的客观评价。	B总结虽也提及了洋务运动的不足之处，但重心在于对其取得的进步予以肯定，并强调洋务派勇于打破陈规、学习西方的自强、进取和抗争精神。这种精神贯穿了中国现代化的历程，使其不会因洋务运动的失败而终结。因此，该总结激发学生积极向前的动力，符合育人目标的要求。

这样的总结不仅有助于学生对历史的深入理解，还能够培养他们的批判性思维和创新能力，为提高他们的综合素养提供有力支持。

第三节　运用结构板书，推动目标前进

结构板书是一种有效的教学手段，可以帮助学生更好地理解和内化学科的目标意识。结构板书是指将知识点、概念、关系等通过图形、图表、文字等形式进行整理和展示的教学工具。

历史课的板书一般包括三个方面的内容：一是讲授的章节标题以及提纲，这是板书的主体；二是专用名词、概念和难字，这是对主体的说明和补充；三是简单的图表，这是对讲授内容的形象概括。

结构板书可以帮助学生厘清知识的逻辑结构。历史学科作为一门综合性学科，知识点众多且相互关联。通过运用结构板书，教师可以将知识点进行分类、归纳和整理，形成清晰的知识框架。学生通过观察和分析结构板书，可以更好地理解知识点之间的逻辑关系，建立起系统的学科认知。结构板书，展现在学生面前的不是模模糊糊一大片，而是清清楚楚的几条线，使学生一目了然。

例如，《南京条约》内容的板书可设计为：

领域	时间	目的	成就
军事工业	前期	自强	安庆内军械所，江南制造总局，福州船政局
民用工业	19世纪70年代中期到80年代中期、后期	筹划海防、求富	南洋、北洋、福建三支海军，轮船招商局，湖北织布局，汉阳铁厂
培养人才	第二次鸦片战争后	适应中外交涉和开展洋务需要	1862年，京师同文馆，第一所新式学堂，培养外交、军事和科技人才

运用结构板书可以有效助力中学历史学科的目标内化。通过结构板书的运用，学生可以更好地理解和掌握学科的知识和概念，培养思维能力和创新意识，提高学习效果和学科素养。因此，在历史学科的教学实践中，教师应充分利用结构板书这一工具，帮助学生实现学习目标。

指引史学逻辑方法

历史教学通常按照时间顺序具体阐述历史事件，这一做法符合历史知识系统性强的特征。历史教学的宗旨在于帮助学生认识历史发展规律，这些规律往往隐藏在历史事件与现象之间的相互关联以及因果关系之中。因此，历史教学应以时间为顺序，通过梳理事件间的因果关系来构建历史系统。鉴于这一知识特性，板书设计应遵循系统性原则。只有系统性强的板书设计，才能协助学生获得全面、系统且规律化的历史知识，而非零散、孤立的片段。此类板书设计可将教材内容组织成有机联系的系统，使脉络更为清晰、条理更加分明。此举不仅有助于学生获得正确且全面的知识结构，还能深化他们对教材的理解，培养其对历史的学习兴趣与热爱，提升其历史思维能力和批判性思维能力，进一步增强他们的历史意识和历史文化素养。

在授课过程中，教师运用具有逻辑性的板书引导学生，教导他们运用史学思想方法进行历史学习和研究。史学思想方法涵盖了历史事实的搜集和整理、历史问题的提出和解决以及对历史文献的分析和评价等诸多层面。通过这些方法，教师可以帮助学生更为深入地理解历史事件和人物，培养他们的历史思维能力，同时提升其批判性思维能力。这将进一步增强学生的历史研究能力和历史写作能力，为他们提供更为全面的学术视野。

例如，《中国历史》课本中"红军长征"的板书可以设计为：

第五次反"围剿"（失败）——中央红军离开瑞金——破四道封锁线——弃湘西、取贵州——占遵义（确立毛泽东领导地位）——四渡赤水渡金沙江（跳出敌人包围）——强渡大渡河、飞夺泸定桥——过雪山草地——陕北与刘志丹会师（1935年10月）——会宁三大主力会师，长征结束（1936年10月）。

在板书设计的过程中，教师可以采用多种教学策略和方法，如案例教学、讨论式教学、研究性学习等，以激发学生的学习兴趣和主动性。同时，教师还应该注重培养学生的历史思维方式，如比较思维、因果思维、连续性思维等，以帮助学生理解历史事件的发展和演变过程。

总之，通过明确目标意识和引导学生运用史学逻辑的方法，可以有效提高学生的历史学习和研究能力，培养学生的历史意识和历史文化素养。

传达正确史学观念

通过结构板书传达正确史学观念的内容主要包括以下几个方面。

首先，要明确历史学科的本质和目标，即通过研究历史事件和过程，揭示历史规律和人类社会发展的规律，培养学生对历史的理解和认知能力。

其次，要强调历史学科的客观性和科学性，即历史研究应该基于客观的事实和证据，避免主观臆断和片面观点的介入。同时，要引导学生正确对待历史事件和人物，避免过度英雄化或贬低，以及对历史事件的简单化和片面化理解。此外，还应该注重培养学生的历史思维能力，包括分析问题、比较研究、归纳总结等，以培养学生的批判性思维和创新能力。

最后，要注重培养学生的历史情感和历史责任感，使他们能够从历史中汲取智慧和力量，为社会的发展和进步作出贡献。教师通过传达正确的史学观念，可以帮助学生建立正确的历史认知和价值观，提高他们的历史素养和综合素质。

例如："洋务运动"一课结构板书可以设计为：

内忧外患
中西文明碰撞 → 千古大变局 → 命运与国运——评说 → 现代化第一人 →
新旧交汇之际　　　　　　　李鸿章的洋务人生

放眼世界的传统官僚
"师夷长技"的洋务重臣
勇于任事的帝国裱糊匠

通过洋务运动主要人物李鸿章，从"命运与国运交织"的视角，去展现洋务派代表人物的人生画面。在结构板书中，背景是中西交融、内忧外患、困局与机会并存的"千古大变局"，"李鸿章在其中是艰难中前行、羁绊中创新、传统中突破的现代化第一人"，体现"历史人物既影响时代发展，又受制于时代"的历史复杂性。通过这样的板书，可以传达出正确的史观，彰显对历史人物的理解与同情，体现了现实中人对历史中人的设身处地的真切关怀。

熔铸史学通感

通过历史学科的结构板书，培养学生对历史的感知能力和理解力，使他们能够深入体验历史事件、人物和文化的内涵，从而形成对历史的情感和认同，这是熔铸史学通感的关键。在中学历史学科育人实践中，熔铸史学通感是一个重要的目标意识。

熔铸史学通感的教学实践，可以帮助学生建立起对历史的情感认同，使他们能够更加深入地理解历史事件的背景、原因和影响，进而形成对历史的情感共鸣。通过情感的参与，学生能够更加真实地感受到历史事件中的人物命运、社会变迁和文化传承，从而增强对历史的学习兴趣和热爱。

教师上课不仅仅要传授知识，还有揭示教材实质和深化教材主题的任务，培养学生的历史通感。而板书是完成这些任务的最好助手。富有启发性的板书可以培养学生观察和分析问题的能力，通过联想、判断、推理、分析、综合等方法，学生可以解决教材中只提供史料而没有展示结论和揭示规律的问题。

如"商鞅变法"内容的板书可设计为：

内容	废	立
废除井田	奴隶制土地国有制	封建制土地私有制
奖励军功	奴隶制世袭制	以军功授爵
建立县制	奴隶制分封制	中央集权制
奖励耕织	弃农经商的旧俗	奖励耕织的新风

教材中只简单地提到了商鞅变法的内容，没有逐条分析其变法的实质。如果老师不对其进行分析和讨论，就无法得出"经过商鞅变法，秦国的旧制度被废除了"的结论。师生通过讨论，并将讨论结果列在板书上，可以使结论更加深刻和鲜明。通过对比，我们可以得出变法废除了奴隶制，确立了封建制的结论。在这个过程中，学生可以动脑、动手、视听并活动起来，他们获得的知识将更加扎实和深刻。

教师还可以通过多种方式配合板书，来激发学生的情感参与。例如，通过讲述历史故事、展示历史文物、观看历史影片等方式，让学生能够身临其境地感受历史的魅力。同时，教师还可以引导学生进行历史角色扮演、历史情景再现等活动，让学生亲身体验历史事件中的人物角色和情境，从而增强对历史的感知能力。

历史教学能够培养学生的历史思维能力和历史情感，使他们能够更加全面地理解历史事件的内涵和意义。同时，有助于培养学生的情感素养和人文关怀，使他们能够更好地理解和尊重不同历史时期和文化背景下的人类经验和价值观。

总之，通过教学实践培养学生对历史的感知能力和理解力，使他们能够深入体验历史事件、人物和文化的内涵，从而形成对历史的情感和认同，这将有助于学生全面发展，提升他们的历史思维能力和人文素养。

彰显史学动力

历史学科育人实践的目标意识需要通过彰显史学动力来激发学生对历史学科的学习兴趣和热爱。

教师应该通过生动有趣的教学方法和案例，让学生深入了解历史的魅力和价值，激发他们对历史学科的学习动力。

教师在进行一节课的教学设计时，依据课程标准的要求和学生的学情进行教学目标的确定。教师有了明确的教学目标，所采用的教学方式才会更贴近历史学科内容的本质特性。所以教师在进行教学设计时，要以教材知识框架为主线，对教学内容进行科学有效的整合，同时，对相关内容进行必要的补充和完善，以便在教学过程中学生能更加全面地了解相关历史背景和历史事实，并能够对此内容进行历史叙述或解释，以唯物史观进行历史知识的认识分析。这样的教学目标不但可以指引教师教学的方向，还能保证课堂教学沿着正确的轨道有序前进。历史学科的五大素养在教学设计过程中得到落实，在教学中也会水到渠成地达成。

比如，可以通过设问板书，来层层追述历史的推动性。每个提问之间应留有一定的空隙，以便教师引导学生逐个解答并填写。

例如，《世界历史》课本中"罗斯福新政"的板书可设计如下：

1. 目的	为了尽快摆脱经济危机
2. 时间	1933年
3. 特点	国家干预经济
4. 中心	对工业的调整，通过了《国家工业复兴法》
5. 新政的前提	不改变资本主义制度
6. 主要内容	工业方面实行《产业复兴法》，筹划大规模的公共工程的兴建，刺激消费和生产
7. 新政的评价	使美国经济得以摆脱危机并逐渐复苏，为资本主义国家干预经济生活提供范例，但由于产生危机的根源依然存在，不能化解资本主义社会根本矛盾，也无法使美国避免新的危机
8. 新政的实质	是一种在不改变资本主义制度的前提下的资产阶级性质的改良
9. 新政的局限性	没有消除资本主义经济危机的根源
10. 新政的"新"	"新"在国家加强对经济的干预和指导

历史学科育人实践的目标意识还需要通过培养学生的历史思维能力和历史意识，使他们能够主动思考历史问题，积极参与历史研究和探索。最后，历史学科育人实践的目标意识还需要通过提供多样化的学习资源和机会，让学生能够在实践中感受到历史学科的魅力和动力，培养他们对历史学科的学习兴趣和热爱。历史学科教学通过彰显史学动力，可以有效提高学生的历史学科素养和综合能力，从而实现历史学科育人实践的目标。

第四节　逐层分解落实，促进目标达成

教师通过逐层分解并落实历史教学目标，以促进学生对历史知识和历史思维的全面发展。

逐层分解历史教学目标是为了将宏大的历史概念和思维能力转化为具体的学习任务和目标。教师可以根据学生的年级和学习水平，将历史教学目标分解为不同的层次和阶段。例如，对于初中学生来说，教师可以将目标分解为了解历史事件的基本事实、理解历史事件的背景和影响、分析历史事件的原因和结果等。通过逐层分解，学生可以逐步建立起对历史知识和思维的系统性认识。

落实历史教学目标需要设计合适的教学活动和评估方式。教师可以根据分解后的目标设计相应的教学活动，如小组讨论、角色扮演、文献分析等，以激发学生的学习兴趣和主动性。同时，教师还应该选择合适的评估方式，如作业、考试、项目展示等，以检验学生对历史教学目标的掌握程度。有针对性的教学活动和评估方式，可以帮助学生更好地理解和应用历史知识，提高历史教学目标的达成度。

教师在设置问题时可分为三个层次：

分级	作用	案例
初级层次	基础知识性问题，即在教材中可以直接找到的简单答案的浅显明了的问题。	如"新文化运动的口号是什么？""中共一大何时召开的？"这类问题主要是照顾学习能力稍弱一点的学生，帮助他们树立自信心，体会学习成功的喜悦。
中级层次	综合归纳性问题，即需要学生打破课节的局限归纳总结的问题。	如"中国近代史上，中国共产党和国民党共进行了哪几次合作？建立的战线、进行的战争和结果分别如何？"这类问题能给学习能力较强的学生带来更广阔的思考空间，调动他们通过前后知识的积累和联系，利用小组合作探究的方式达成知识的迁移和问题的圆满解决。
高级层次	开放性问题，即为培养学生发散思维、发展学生个性的问题。这类问题不一定每节课都要有，须结合具体教学内容来设置。	如在学习"西安事变"时设问：假如你是当时的普通老百姓，你的愿望是什么？假如你是张学良，你有何打算？通过回答这些问题，学生由被动接受老师分析当时国内各阶层人物的考量变为以当事人身份主动探究时局，从而加强了对"西安事变"的性质及和平解决"西安事变"历史意义的理解。

此外，促进历史教学目标的达成还需要教师的指导和引导。教师应该充分发挥自己的专业知识和经验，引导学生进行历史思维的训练和实践。例如，教师可以通过提问、引导讨论等方式，帮助学生培养历史思维能力，如分析问题、比较事实、评估证据等。同时，教师还应该及时

给予学生反馈和指导，帮助他们纠正错误和改进学习方法，以提高历史教学目标的实现效果。

逐层分解历史教学目标并落实相应的教学活动和评估方式，结合教师的指导和引导，可以有效促进历史教学目标的达成。这不仅有助于学生全面掌握历史知识，也为他们培养批判性思维和历史意识奠定了坚实的基础。

第四章

学科育人视野下艺术资源运用路径

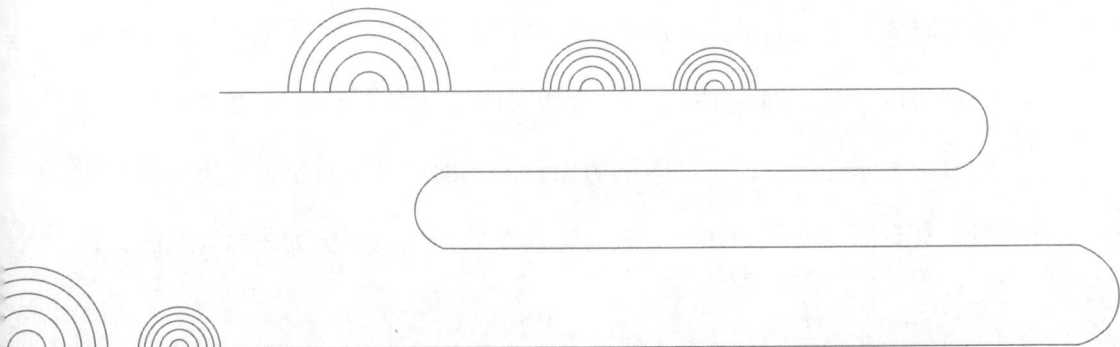

第一节　运用文学经典透视历史风貌

　　在学科育人视野下，艺术资源的运用路径对于培养学生的综合素养和审美能力具有重要意义。本节将探讨如何通过运用文学经典来透视历史风貌。文学作品作为一种艺术形式，能够通过描绘历史背景、塑造人物形象和展现社会风貌等方式，帮助读者深入了解历史的发展和变迁。

　　运用文学经典透视历史风貌，可以帮助学生更好地理解历史事件和社会背景。文学作品往往以故事情节为载体，通过人物的言行和思想表达，展现出当时的社会风貌和人们的生活状态。通过阅读文学经典，学生可以感受到不同历史时期的氛围和当时人们的思想观念，从而更加深入地理解历史事件发生的原因和影响。

　　和历史有关的文艺作品种类很多，内容也很丰富。从体裁上来分，有诗词、民歌、谚语、剧本、小说和报告文学等。从作品写作时间看，有当时人写的，有后人写的。从史料价值上来分，有的文艺作品本身就是珍贵的史料，如《诗经》，荷马史诗《伊利亚特》《奥德赛》，它们分别是研究中国商、周时期历史和公元前11世纪古希腊历史的重要史料，具有历史文献的性质；有的文艺作品则是以历史为题材写就的，但有较大程度的艺术夸张和虚构，如我国著名古典小说《东周列国志》《三国演义》，世界名著雨果的《九三年》、狄更斯的《双城记》，等等。

在历史教学中，教师结合教材内容，引用一些文艺作品，对于提高教学质量能够起到重要的作用，能够培养学生的审美能力和文学素养。文学作品往往以优美的语言和独特的艺术手法来表达作者的情感和思想。通过阅读文学经典，学生可以欣赏到不同历史时期的文学风格和艺术特点，培养对文学作品的鉴赏能力和理解能力。同时，通过分析文学作品中的历史元素和文化内涵，学生可以提升自己的文学素养，拓宽自己的艺术视野。

苏联教育家苏霍姆林斯基曾指出，"高度的语言修养是合理地利用时间的重要条件""教育的艺术首先包括说话的艺术，同人心交流的艺术，教师的语言修养在极大程度上决定着学生在课堂上脑力劳动的效率"。教师在历史教学语言上借助一些与历史知识相关的文学语言能使学生在感受历史、认识历史、评价历史中体会历史之美；引用历史典故、史诗、民谣和对联等素材丰富历史教学语言，营造历史情境，历史课堂将变得更加生动而富有个性，有助于培养学生历史情感，还能熏陶学生的语言技能。文学作品中富有哲理的诗句能激发学生的思考与探究热情，对这些文学作品的理解，从历史人物的价值、历史演绎的规律、社会发展的脉络去解读，能帮助学生理解历史的内涵，加深思想认识，以培养学生的历史情感。

如讲"秦末农民起义和楚汉之争"时，教师可穿插一下掌故：当年秦始皇出巡，旗锣伞扇，车水马龙，威风凛凛，好不气派。据说当亭长的刘邦看到后说："大丈夫当如此啊！"而项羽看过后则说："彼可取而代之也！"两个人骨子里都想效仿秦始皇君临天下，但挂在嘴上的却一个委婉斯文，一个直爽豪迈，鲜明的个性跃然纸上。学生能深深感受到语言文字的魅力，也为理解下文的刘邦以弱胜强打败项羽打下基础。

经典文学作品的引用，也可以培养学生的历史语言表达能力。历史课程中所需要的表达能力不同于语文课程的表达能力，它不需要想象的成分，不需要华丽的词语。历史课程所需要的表达能力，具体来说，一要紧扣题目，直接表达，突出历史文字表达的观点鲜明性，培养文字表达的准确性（如中国近代处于半殖民地半封建社会，不能说成半封建半殖民地社会，太平天国不可以说成是被国内封建主义与帝国主义者联合绞杀）。二要语言简练，具有准确性与严密性。培养简洁明了的历史语言文字表达能力，教师可先从课本入手，指导学生概括课文，如《南京条约》的内容可用高度浓缩的地、款、口、税四个字加以概括。三要以史实为基础，史论结合。教师培养学生史论结合的语言文字表达能力必须做到"论从史出"和"以论御史"。"论从史出"是尊重历史知识的客观性，"以论御史"是从概括到具体的历史语言文字的表达方法。四要逻辑严密，条理清晰。历史语言文字表达的逻辑性也以历史表达的准确性为基础，教师培养学生历史语言文字表达的逻辑性要加强思维训练和语言文字表达能力的教学。

通过运用文学经典透视历史风貌，可以激发学生的创造力和想象力。文学作品往往以虚构的故事情节和人物形象为基础，通过作者的想象和创造，展现出丰富多样的历史场景和人物形象。通过阅读文学经典，学生可以在想象中重温历史，创造历史故事和人物形象，培养自己的创造力和想象力。

运用文学经典透视历史风貌，可以帮助学生更好地理解历史事件和社会背景，培养学生的审美能力和文学素养，激发学生的创造力和想象力。这一路径为学科育人提供了丰富的资源和方法，有助于提高学生的综合素养和人文素质。

经典文学作品的历史价值

经典文学作品作为艺术资源，其在学科育人视野下的运用，不仅仅是为了培养学生的文学素养，更重要的是通过虚构的故事情节和人物形象，展现出真实的历史背景和社会现象。这些经典文学作品以其独特的艺术表达方式，将真实的历史与虚构的故事相融合，使读者能够更加深入地了解历史事件和社会背景。

首先，经典文学作品通过虚构的故事情节，对历史事件和人物形象进行再创造和再塑造。通过对历史事件的重新演绎，作品中的人物形象和情节能够更加生动地展现出历史的真实面貌。例如，经典小说《红楼梦》通过对贾府的描写，展现了清代封建社会的种种弊端和腐败现象，使读者能够更加直观地感受到特定历史时期的社会风貌。

其次，经典文学作品通过虚构的人物形象，反映出特定历史时期的社会现象和人们的思想观念。作品中的人物形象往往代表着特定的社会群体或阶级，通过他们的言行举止和思想观念，读者可以深入了解当时社会的价值观和道德观念。例如，经典小说《西游记》中孙悟空的形象，代表了中国传统文化中的英雄形象和正义观念，通过他的冒险经历和与妖魔鬼怪的斗争，展现了封建社会中人们对于正义和善的追求。

再比如，有的教师在讲述"一二·九"运动时，在叙述爱国学生游行的场面时，引用了作家杨沫的小说《青春之歌》中有关"一二·九"运动的一段描写："西长安街的马路上，千万个青年四个一排，手扣手、胳膊和胳膊紧紧地互相拉着扣着，向西大步走着……跟随着游行队伍，阻拦着群众前进的武装军警也越来越多……一霎间，救火的水龙头，在这严寒的天气，倾盆大雨般向游行者的头上喷射过来了！森亮的大刀也向游行者的身上砍来了！反动统治者企图用这种残酷的方法驱散爱国的人群，然而勇敢的人民是什么也不怕的。灰暗的天空依然震荡着动人心魄的口号声；学生们依然昂头奋勇地大步前进着。尽管大刀、皮鞭、短棒、刺刀更加凶恶地在风中、在水龙的喷射中飞舞着、砍杀着，尽管血——青年、妇女、老年人的鲜血涌流着，但是人们毫不畏惧。前面的在血泊中倒下了，后面的又紧跟上来。'冲呵！冲呵！向卖国贼们冲呵！'这用鲜血凝成的声音反而越响越高了。"小说中的这段描写，真实地再现出了"一二·九"运动那激动人心的游行场面；教师在课堂上有声有色地引述，使学生仿佛身临其境，亲眼看到或亲身参加这场运动一样，从而获得了生动形象具体的历史知识。

经典文学作品通过虚构的故事情节和人物形象，引发读者对历史事件和社会现象的思考和探索。作品中的情节和人物形象往往具有普遍性和深刻性，能够触动学生的内心世界，引发学生对于历史和社会的思考。通过阅读这些经典文学作品，学生可以从中汲取智慧和启示，对于历史的发展和社会的变迁有更加深入的认识。

经典文学作品的历史价值在于虚构中见真实。通过虚构的故事情节和人物形象，能够更加生动地展现历史的真实面貌，反映历史时期的社会现象和人们的思想观念，同时引发读者对于历史和社会的思考和探索。这些作品在学科育人视野下的运用，能够培养学生的文学素养，同时提升他们对于历史和社会的认知能力。

从历史视角阅读文学经典

培养学生的历史意识和文学素养具有重要意义。从历史视角出发，教师可以引导学生通过阅读文学经典来透视历史风貌。

通过阅读文学经典，学生可以深入了解历史背景和时代风貌。文学作品往往是时代的镜子，通过描绘人物、事件和环境，学生可以感受到历史的脉络和社会的变迁。通过阅读文学经典，学生可以了解不同历史时期的社会结构、政治风貌、文化氛围等，从而更好地理解历史的发展和演变。

通过阅读文学经典，学生可以感受到历史人物的思想与情感。文学作品往往通过人物形象来展现历史人物的内心世界和情感体验。通过深入阅读文学经典，学生可以了解历史人物的价值观、信仰体系、情感表达等，从而更好地理解历史人物的行为动机和决策过程。如讲中国史"战国时期的文化"中的屈原时，教师引用他的作品《离骚》中的诗句，能帮助学生更好地了解屈原这位伟大诗人的思想情操和艺术成就。

通过阅读文学经典，学生可以体验历史事件的情境与氛围。文学作品往往通过描写事件的细节和环境，让读者身临其境地感受历史事件的紧张、激动和压力。通过深入阅读文学经典，学生可以感受到历史事件的真实性和复杂性，从而更好地理解历史事件的影响和意义。如在中国史的教学中，讲授"唐朝的衰落"一课，教师在讲到"安史之乱"给广大劳动人民带来的巨大痛苦和灾难时，引用唐代著名诗人杜甫的诗《白帝》："戎马不如归马逸，千家今有百家存。哀哀寡妇诛求尽，恸哭秋原何处村？"这几句诗真实地描写了唐朝广大地区横遭"安史之乱"战火洗劫后的凄凉、悲惨景象。

从历史视角阅读文学经典，学生可以透视历史风貌，深入了解历史背景和时代风貌，感受历史人物的思想与情感，体验历史事件的情境与氛围。这种阅读方式不仅可以丰富学生的历史知识，还可以培养学生的历史意识和文学素养，使他们更好地理解和把握历史的发展脉络，提升他们的人文素养和综合能力。

以科学方法运用文学经典

通过科学方法运用文学经典，可以有效提升学生的历史证据意识。

文学经典作为一种艺术资源，蕴含着丰富的历史背景和人文情感，可以帮助学生更好地理解历史事件和人物。

通过阅读文学经典作品，学生可以深入了解历史时代的社会背景、文化氛围和人们的生活方式，从而更加全面地把握历史事件的发生原因和影响。

文学经典中的人物形象和情节可以帮助学生感受历史人物的思想、情感和行为，从而更加真实地理解历史人物的动机和行为逻辑。此外，通过分析文学经典中的细节描写和隐含意义，可以培养学生敏锐的观察力和推理能力，从而更加准确地解读历史文献和证据。因此，科学运用文学经典是提升学生历史证据意识的有效途径，可以帮助他们更加深入地理解历史事件和人物，培养批判性思维和分析能力。

不过，在历史教学中引用的文艺作品，不仅要注重其生动的形象和故事性，更要注意它的科学性和真实性，否则，会产生不利的作用，影响教学效果。如讲宋代的历史，教师就不能引用《杨家将》《岳飞传》等作品，不能将其作为历史讲给学生。因为这两部作品中的人物、故事情节和历史史实都有很大出入，虚构的成分很多。又如《三国演义》这部作品中对于历史人物的描写有很大的歪曲，其把诸葛亮写成半仙半人的"道士"，又极力丑化、贬低曹操的形象，与历史上的诸葛亮、曹操出入颇大，教师在引用时就要慎重，不能把小说中的人物形象描写加以引用，在课堂上大讲特讲，以假乱真，影响学生对历史知识的学习、掌握。

第二节 辩证看待历史图像的证史价值

图画作为一种艺术形式，具有丰富的历史价值。在学科育人视野下，我们需要辩证地看待图画的证史价值。首先，图画作为一种视觉艺术形式，能够通过形象的方式传递历史信息，帮助人们更好地理解和记忆历史事件。其次，图画能够反映当时社会的文化、风俗和价值观念，为后人提供了重要的历史参考。此外，图画还能够展现出艺术家对历史事件的理解和诠释，从而为历史研究提供独特的视角。因此，教师应该充分认识和利用图画的证史价值，通过对图画的研究和欣赏，使学生深入了解历史，拓宽学科育人的视野。

目前历史教材中对图像的使用存在一些问题。首先，图像质量不高，与发达国家相比，我国中学历史教材中的图像模糊、质量较差，学生很难辨认信息。其次，很多图像都是常见的、来自现有的一些图书，重复引用一些熟悉的面孔。再次，释图有误，混淆了人物，向学生传递了错误的信息，比如有的图书中将李鸿章的照片错误地标注为左宗棠，将英国首届世界博览会机器馆的图片错误地说成是工厂图片等。从次，图像上的信息不典型，无法明确问题。例如，一张标明为"卢德运动"

的图片，无法看出与捣毁机器的主题有何关系。又如，下面这幅以"马歇尔计划"为题材的漫画中，一个女子踩着高跷，而有将高跷解释为美国对西欧国家的控制，这属于过度解释。最后，图像的使用形式还有待开发。美国历史教材中会为图像开设专门的栏目，以一页或两页篇幅详细解释图片信息，分析图片的产生方式、隐含的信息，以及背后的故事，包括文化象征意义、社会情景和政治寓意等。

以"马歇尔计划"为题材的漫画

历史图像的客观性与主观性的关系

历史图像作为一种艺术资源，在学科育人视野下具有重要的运用路径。其中，历史图像的客观性与主观性的关系是一个值得探讨的问题。

历史图像作为一种表达历史事件和人物的艺术形式，既要保持客观性，又要展现作者的主观意识。客观性指的是历史图像应当基于真实的历史事实和准确的历史资料，尽可能还原历史事件的真实面貌。而主观性则体现在历史图像的创作过程中，艺术家会根据自己的审美观点、情感体验和艺术风格对历史事件进行选择、表达和再创造。

在历史图像的创作中，客观性与主观性的关系需要平衡。一方面，历史图像应当尽可能客观地呈现历史事件的真实性，通过准确的历史细节、人物形象和场景描绘，使观众能够感受到历史的真实性和丰富性。另一方面，历史图像也需要艺术家的主观创造，艺术家通过艺术手法和表现形式，传达其对历史事件的理解、感悟和情感表达。这种主观性的加入，可以使历史图像更具艺术性和感染力，激发观众的情感共鸣和思考。

如下面这幅赫鲁晓夫与肯尼迪较量的图片，实际上反映了20世纪50年代美苏争霸的情况，尽管是以漫画形式表现，但客观性不容置疑。

赫鲁晓夫与肯尼迪的较量

但是，有一些历史图像的客观性与主观性的关系也存在一定的争议。在创作过程中，艺术家可能会受到个人偏见、审美趣味和时代背景的影响，导致其对历史事件的选择和表达存在一定的主观性。同时，观众在接受历史图像时也会受到自身的认知和情感偏好的影响，对历史事件的理解和解读也可能存在主观性。因此，历史图像的客观性与主观性的关系需要在创作、传播和接受过程中进行深入思考和讨论，以确保历史图像的真实性和价值。

综上所述，历史图像的客观性与主观性的关系是一个复杂而重要的问题。在学科育人视野下，我们应当认识到历史图像既是一种艺术资源，又是一种历史表达方式，需要在保持客观性的基础上，充分发挥艺术家的主观创造力，以丰富和深化观众对历史的认知和体验。同时，我们也要关注历史图像的客观性与主观性的平衡，以确保历史图像的真实性和价值。

历史图像的表层信息和深层信息的关系

历史图像作为一种重要的艺术资源，在学科育人视野下具有广泛的运用路径。其中，历史图像的表层信息和深层信息之间存在着密切的关系。

表层信息是指历史图像所呈现的直观内容，包括图像中的人物、场景、物体等。这些表层信息可以直接被观者感知和理解，是历史图像传递信息的第一层次。通过观察和分析历史图像的表层信息，我们可以了解到当时的历史背景、人物形象、社会风貌等方面的信息，从而对历史事件有一个初步的认识。

相比于表层信息，历史图像的深层信息则更加丰富和复杂。深层信息是指历史图像所蕴含的更深层次的意义和价值。它包括历史图像所反映的社会、文化、政治等方面的内涵，以及历史事件的背后故事、人物的情感和思想等。深层信息需要通过深入的研究和分析才能逐渐揭示出来，它可以帮助我们更加全面地理解历史事件的本质和影响。

历史图像的表层信息和深层信息之间存在着相互作用和相互影响的关系。表层信息是深层信息的基础和载体，它通过直观的形象和符号向观者传递信息。而深层信息则通过对表层信息的解读和分析，赋予历史图像更深远的意义和价值。表层信息和深层信息相互交织，共同构成了历史图像的丰富内涵。

比如，下面这张交子图片，其表层信息显示这是一张古代纸币，根据这个表层信息，教师可以引导学生思考，交子在什么时候出现的？在哪里出现？为什么会在那里出现，而不是别的地方？由此一步步去推理深究历史的深层信息。

教师可以通过对历史图像的表层信息和深层信息的关系进行研究和探索，培养学生的历史思维能力和文化素养。通过分析历史图像的表层信息，学生可以了解到历史事件的基本情

交子

116

况和背景，培养观察和分析能力。而通过深入挖掘历史图像的深层信息，学生可以深入思考历史事件的原因和影响，培养批判性思维和创造性思维。

因此，历史图像的表层信息和深层信息的关系是学科育人视野下艺术资源运用路径中重要的一环。通过对历史图像的综合分析和解读，学生可以更好地理解历史事件的背景和内涵，培养历史思维能力和文化素养。

历史图像的前人往事和后人创作的关系

在学科育人视野下，艺术资源的运用路径对于培养学生的艺术素养和历史意识具有重要意义。其中，历史图像作为一种重要的艺术资源，不仅能够展示前人的往事，还能够激发后人的创作灵感。历史图像的前人往事和后人创作之间存在着紧密的关系。

历史图像作为前人往事的记录，为后人提供了珍贵的历史资料和参考。通过观察历史图像，后人可以了解前人的生活、文化、社会背景等方面的信息。这些信息对于后人的创作具有重要的启发作用。例如，通过观察历史图像中的服饰、建筑、风景等元素，后人可以借鉴其中的设计理念和艺术风格，并运用到自己的创作中。

历史图像还可以激发后人的创作灵感和想象力。历史图像中所展示的场景、人物、事件等，往往具有独特的魅力和情感。后人可以结合对历史图像的观察和思考，创造出具有独特艺术价值的作品。例如，一幅描绘历史战争场景的图像，可以激发后人创作出具有战争主题的绘画作品或影视作品，通过艺术的方式再现历史的壮丽场景。

此外，历史图像的前人往事和后人创作之间还存在着相互影响和互动的关系。后人的创作往往会对历史图像进行重新解读和再创作，赋予其新的意义和表达方式。这种互动关系不仅丰富了历史图像的内涵，也推动了艺术创作的发展。例如，后人可以通过对历史图像的重新构图、加工处理等方式，创作出具有个人风格和时代特色的作品，使历史图像焕发新的生命力。

如下面这幅南昌起义插图，这是黎冰鸿在1959年绘画的，当时与南昌起义相隔32年。然而，这幅画却生动地展现了南昌起义时的细节。

南昌起义插图

例如，在南昌起义时贺龙还不是共产党员，他是当时国民革命军第二十军的军长，在南昌起义中担任军事总指挥。黎冰鸿将周恩来的位置放在画面的黄金分割点处，强调了党的领导地位，同时把贺龙放在画面的第二重要位置，这是对历史史实的尊重。比如起义是秘密进行的，所以画中的红旗没有展开，画面中还有撕毁的文件，在艺术上营造出破釜沉舟的气势。

历史图像的前人往事和后人创作之间存在着紧密的关系。历史图像作为艺术资源的一种，不仅为后人提供了历史资料和参考，还能够激发后人的创作灵感和想象力。同时，历史图像的前人往事和后人创作之间相互影响和互动的关系，推动了艺术创作的发展。教师通过充分利用历史图像的资源，可以培养学生的艺术素养和历史意识，促进他们的创造力和创新能力的发展。

第三节 历史教学情境的创设方法

教师通过运用各种教学手段创设历史情境，再现具体时间和空间条件下历史人物和历史事件，再现人类社会的生活方式、风俗习惯、心理特征，引导学生追溯历史。学生只有充分感知了历史，才能真正理解、掌握历史知识，才能不知不觉地深入历史，获得最佳学习效果。

以问题创设历史情境

以问题创设历史情境是情境创设的一种重要方式。问题情境是最好的认知冲突及训练学生思维能力的承载方式。桑代克准备律告诉我们学习是要有条件的。学习过程中学生要处于"饥饿状态"，要具有学习的动机。教师应该常用设置问题情境激发学生的认知冲突。如教师在讲授八年级上册《从九一八事变到西安事变》一课的"一二·九"运动时可饱含激情地设置这样的问题：当"华北之大，已经安放不下一张平静的书桌了"，同学们，你们会怎么办？

"从九一八事变到西安事变" 的教学设计	
教材分析	本课程在内容上具有重要的承上启下作用。具体而言，承上方面，国民党在面对日本入侵时提出的 "攘外必先安内" 的错误政策，导致内部发生分裂，最终引发了西安事变，初步形成了抗日民族统一战线。启下方面，九一八事变后，中国逐渐陷入民族抗战的深渊，为后来中国的发展和今天的历史地位奠定了基础。因此，本课程的内容在单元乃至整个中国近现代史及当代社会中都具有重要的历史地位和意义。
教学目标	1. 了解日本侵略者制造九一八事变的经过、结果，认识日本帝国主义的侵略本质。 2. 了解西安事变的经过，认识西安事变和平解决的历史意义。 3. 播放歌曲《松花江上》，回顾历史事件，激发学生的爱国情感。 4. 通过对 "中国共产党为什么主张和平解决西安事变" 这一问题的讨论，使学生学会对历史事件进行合理的理解与判断。 5. 通过学习九一八事变的历史事实，使学生认识到九一八事变使中国陷入严重的民族危机，反抗日本帝国主义的侵略成为中华民族的历史责任，以此树立和培养学生的爱国主义精神和民族责任感。 6. 通过介绍西安事变的发生与和平解决，使学生感受张学良、杨虎城的爱国精神，认识共产党人以民族利益为重的博大胸襟。
教学重点	1. 九一八事变的经过、结果。 2. 西安事变的背景、经过、和平解决及意义。
教学难点	西安事变的和平解决。

	"从九一八事变到西安事变"的教学设计
教学过程	**导入新课:** 　　让学生观看九一八事变的视频,通过此视频进入本节课的学习,让学生对九一八事变有个大概的了解。 **讲授新课:** 　　一、九一八事变 　　让学生阅读分析材料一—四,思考为什么日军发动九一八事变?以此来提高学生阅读分析史料的能力。 　　多媒体展示相关材料: 　　材料一: 　　惟欲征服支那,必先征服满蒙,如欲征服世界,必先征服支那。 　　　　　　　　　　　　　　　　——日本制定的大陆政策 　　材料二: 　　今天之满蒙地位,不仅在我国国防上,就在经济上,也可以说是我国的生命线。 　　　　　　　　　　　　　　　　　　　　——《田中奏折》 　　材料三: 　　1929—1933年资本主义世界经济危机波及日本,促使其国内阶级矛盾尖锐,日本统治集团急于利用侵略中国东北的对外战争来摆脱国内的经济危机和政治危机。 　　材料四: 　　1930年11月至1931年9月,国民政府集中重兵三次"围剿"红军,无心北顾。 　　过渡:阅读完材料后,请学生分析讨论九一八事变爆发的原因,最后教师进行总结。 　　（一）背景 　　1.日本制定大陆政策（蓄谋已久）。 　　2.日本将中国东北视为生命线。

"从九一八事变到西安事变"的教学设计	
教学过程	3. 1929—1933年资本主义经济危机，日本为摆脱危机加紧侵略中国。 4. 蒋介石积极内战，日本有机可乘。 过渡：在一切就绪的情况下，日军制造了一个借口，发动了对东北的战争。 （二）经过 1931年9月18日，日军制造柳条湖事件，进攻北大营，炮轰沈阳城。 （请学生思考：日本侵略军侵略中国东北，为什么先制造柳条湖事件呢？ 教师提示：为给侵略战争制造借口，欺骗世界舆论。另外，柳条湖距离东北军驻地北大营和东北重镇沈阳很近，便于日军在事件后迅速对这两个战略要地进行攻击。） （三）结果 1.日军占领沈阳。 2.扩大侵略，占领东三省。 让学生结合材料思考，为什么东北会那么快沦陷？ 多媒体展示两段材料： 九一八事变前： 1931年8月16日，蒋介石密电张学良："无论日本军队此后如何在东北寻衅，我方应予不抵抗，力避冲突，吾兄万勿一时之愤，置国家民族不顾。" ——《文史资料选辑》 九一八事变后： 九一八事变后，又电令东北军："即使勒令缴械，占入营房，均可听自便。" ——《革命文献》

	"从九一八事变到西安事变" 的教学设计
教学过程	（从材料中得出答案：南京国民政府的不抵抗政策） 3. 1932年，日本扶植溥仪，建立伪满洲国。 （目的：企图把东北从中国分裂出去。） 4. 日军在东北屠杀无辜人民，掠夺战略资源，推行奴化教育，实施残酷的殖民统治。例如：建立 "731部队"。 （多媒体展示： "731部队" 资料卡片） 日军一方面加深对东北的侵略，另一方面进攻上海，制造了 "一·二八" 事变。 （多媒体展示： "一·二八" 事变资料卡片） 面对日军的不断侵略，中国共产党坚决抗日，局部抗战。 （1）东北军组织抗日义勇军； （2）杨靖宇组织游击队，开展抗日游击战争。 （多媒体展示：抗日英雄杨靖宇资料卡片） （四）影响 1. 九一八事变成为中国人民抗日战争的起点，揭开了世界反法西斯战争的序幕。 2. 中国人民局部抗战开始。 过渡：日本占领东北后，又将侵略的魔爪伸向了华北地区，中华民族到了生死存亡的关头。日军在华北地区做了什么？ 二、华北危机和 "一二·九" 运动 （一）华北危机 1935年下半年，日本策动华北自治运动，妄图所谓使华北五省脱离中国版图。国民政府对日采取不抵抗的妥协政策，中华民族面临亡国灭种的危险。

	"从九一八事变到西安事变"的教学设计
教学过程	过渡：严峻的形势使北平的学生们痛感"华北之大，已经安放不下一张平静的书桌了"。为此，北平数千名学生走上街头请愿。这就是著名的"一二·九"运动。 （二）"一二·九"运动 时间：1935年12月9日 地点：北平新华门前 口号："打倒日本帝国主义""反对华北自治""停止内战，一致抗日"等。 结果：反动军警用大刀、水龙、木棍镇压青年学生。 影响：揭露了日本侵略者企图吞并华北的阴谋，打击了国民党政府对日妥协的政策，促进了全国抗日救亡运动新高潮的到来。 过渡：面对日军的侵略，青年学生走上街头，进行请愿。同样的，一些爱国将领也纷纷要求停止内战，联共抗日。 设置问题：当"华北之大，已经安放不下一张平静的书桌了"，同学们，你们会怎么办？ 三、西安事变 （一）背景 让学生观看视频《西安事变》，通过此视频让学生对西安事变有大致了解，接下来再对西安事变进行讲解。 1.华北危急，中日民族矛盾上升为最主要矛盾。 2.中共提出了建立全国抗日民族统一战线的主张。 3.张学良和杨虎城接受了中共主张要求蒋介石停止内战，联共抗日。 4.蒋介石坚持内战政策，亲赴西安威逼张学良、杨虎城继续进攻红军。

	"从九一八事变到西安事变"的教学设计
教学过程	过渡：在如此情形下，张学良、杨虎城不得已兵谏蒋介石，要求联共抗日。 （二）经过 1936年12月12日，张学良、杨虎城在西安扣押蒋介石，实行兵谏，并通电全国，要求停止内战，联共抗日。 请学生思考：西安事变发生后，一石激起千层浪，事态如此发展，将会引起国内、国际时局怎样的变化呢？ 教师总结西安事变爆发后的复杂形势。 日本：企图挑拨亲日派扩大内战，以便扩大侵略中国。 美英：担心亲日派乘机掌权，日本扩大侵华，排挤美英的在华势力，支持和平解决。 亲日派：何应钦等主张"讨伐"张学良，企图置蒋介石于死地，取而代之。 亲美英派：宋美龄等竭力主张和平解决。 在这样的情形下，张学良致电中共中央，要求派代表到西安共商团结抗日大计。 中共对此态度：主张和平解决，联蒋抗日，派周恩来到西安参加谈判，与各方面进行协商。 过渡：最终，蒋介石在各方压力下被迫停止内战、联共抗日。 （三）结果 经过中国共产党和各方面的努力，蒋介石被迫接受停止内战、联共抗日等条件，西安事变和平解决。 （四）意义 1.揭开了国共两党由内战到联合抗日的序幕，成为扭转时局的关键。 2.十年内战基本结束，抗日民族统一战线初步形成。

续表

"从九一八事变到西安事变"的教学设计	
教学过程	西安事变虽然和平解决了，但作为蒋介石下属的张学良、杨虎城的命运又是如何？ 　　（多媒体展示：西安事变后的张学良、杨虎城资料卡片）
本课小结	从九一八事变到西安事变 日本侵略　九一八事变　扩大侵华　华北事变　一二·九运动　西安事变 中国抗争　东北抗日联军（局部抗战）　全国性抗日救亡运动的高潮

　　教师以问题创设历史情境，把学生带入预设的课堂情境，激发学生对日本满腔愤怒的情绪，使爱国主义教育得到良好效果，提高了学生的学习兴趣。

　　教师提出的问题要有启发性，以便调动学生的思维。问题要使学生经过思考才能答出，如果只问"对不对啊""是不是啊"则意义不大。教师提问时话语要清楚，如果语速很快地发问或突如其来地发问，学生会感到紧张或一时不能领会，这都会影响教学效果。

　　教师提问要面向全班学生，使全体学生都能积极参加。教师的谈话是和全班学生一起进行的，不要每次只同几个学习好的学生进行谈话，而置其他学生于不顾。其实，对学习差的学生提些较易回答的问题，对他们的学习是一种激励，可以增强他们的信心和对教师的信任感。教师提问时不要先叫起学生再提问题，这样容易使被叫的学生因来不及思考而紧张，而班上的其他学生也就不去思考。教师应该先提出问题，使全体学生都进行思考，然后再指名回答。如果被叫的学生答不上来问题，教师不必勉强，可以引导启发或叫别的学生回答。

以图片创设历史情境

历史知识虽然具有"过去性"，但又具有"直观性"很强的特点，如历史图片。针对青少年好奇心强、求知心切的特点，教师把历史知识利用图片生动、形象、鲜明地展现在他们面前，可以充分调动学生的学习积极性和主动性，丰富学生的感性认识，启发学生的思维与想象，使学生主动地学习。

图片包括课本插图（图画部分）、教学挂图、历史照片和历史图画等。课本中的图片是由教科书编写者精心选择的，穿插在课本当中，紧密配合了教材的内容，让每个学生都可以经常看到。对这部分图片，教师在教学中应该加以充分利用。这其中有历史实物、遗址、遗迹和模型的照片或图片，如《中国历史》第一册彩色插页中的"半坡人面网纹盆""商四羊方尊"，《中国历史》第三册彩色插页中的"乾隆帝的浮雕青白玉蟠龙瓶"和"宝腾""振远"腰刀等，就都是根据实物拍摄的；如《中国历史》第四册彩色插页中的"中国共产党第一次全国代表大会会址"，《世界历史》上册彩色插页中的"古代罗马广场遗址"等则是拍摄的历史遗址、遗迹，因此，这些照片都具有很强的真实性。

《中国历史》第一册插页中的"北京人头部复原像""根据半坡遗址复原的圆形房子"等,是根据实物复制的模型图片,由于其复制方法科学,真实性也很强。

半坡人面网纹盆

有的是艺术家绘画反映历史面貌的图画,由于其经过了作者的构思和加工,因而在一定程度上更能够集中地反映某些历史场面和时代特征。这类历史图片有当时人的作品,如《中国历史》第三册彩色插页中1900年义和团运动时期的民间彩色木板画"天津城埋伏地雷董军门大胜西兵图",就是当时的爱国民间艺人为了反映义和团战士和部分爱国清军官兵抗击八国联军事迹而绘画的作品。《中国历史》第二册里描绘北宋都城东京的繁荣景象和当时人民生活、风俗的插图,就是取自北宋画家张择端的著名作品《清明上河图》的一部分。这类图画的真实性也很强。另外,有后人或现代人根据历史资料绘制的想象画,属于人物的,如《中国历史》第一册的"孔子像""秦始皇像",第二册中的"唐太宗像""李自成像",等等;属于历史事件的,如《中国历史》中的

"大泽乡起义""瓦岗军开仓散粮""南昌起义""井冈山会师"和《世界历史》中的"罗马奴隶主的农庄""战斗中的斯巴达克"等。这类图画数量很多，其中有专为教学绘制的图画，虽然真实感不如实物照片和当代人的作品，但是，它是经过教研人员精心编绘选择的。

除了课本中的图片，教师还可以选择挂图来丰富教学内容，一些出版社根据教学需要，把教科书插图或历史图片放大印制成大幅彩色图画，其图幅大、色彩鲜明，有利于教师在课堂上向全体学生指图讲解。除以上教科书的插图和历史挂图外，可供教师在课堂上使用的还有其他种类的历史照片和画片。但是，这些都不是专为教学制作的，教师在使用时，一定要认真地加以选择。

一些教师还根据教学的需要，自己放大绘制历史图片，如"希腊神庙""罗马角斗场""林肯像""拿破仑像"等。当然，这样做要求较高，需要教师掌握一定的美术知识和技巧。

教师通过这些直观图片的展示与解说，可以把较复杂的问题简明化、抽象的问题形象化，最大限度地让学生掌握距离他们极其遥远而难以记忆的历史知识。如在讲授"南京大屠杀"时，教师利用多媒体播放了日军屠杀中国人的多张照片，使学生较真实地体验和感受历史。

以音乐创设历史情境

音乐是用来表达人们思想感情，反映社会生活的，它最能渲染情景，创造历史气氛。如教师在讲八年级上册历史第17课《中国工农红军的长征》时播放歌曲《十送红军》，以歌曲创设历史情境，渲染历史氛围。由此引出问题：这首歌反映了什么时期的哪一历史事件？红军为什么长征？你知道长征途中有哪些历史故事？有哪些精神值得我们去传承？在情境中引发学生去思考，激发学生主动学习的积极性。又如教师在讲解九一八事变时，先播放歌曲："我的家，在东北松花江上，那里有遍野的大豆和高粱……九一八，在那一个悲惨的时刻，我离开了家乡，抛弃了无尽的宝藏……九一八……"在悲凉的歌声中，学生的胸中升起一股对入侵者愤恨的怒火，对祖国母亲无比的热爱，从而可使他们受到一次很好的爱国主义教育。

又比如，在"中华民族的抗日战争"章节教学中，教师选用我国著名钢琴协奏曲《黄河》中的第三乐章《黄河·愤》为背景音乐，起到了良好的教学效果。在背景音乐的渲染之下，通过多媒体的演示，学生们深刻感受到了日本侵略者对我国大好河山的残忍践踏，以及我国人民在战争中遭受的巨大苦难。在投影屏幕上，一张张历史照片揭示了日本侵略者在我国土地上犯下的种种暴行。这些影像资料让学生们胸中燃烧着斗争的熊熊火焰，悲痛之情亦显现在他们的脸上。

在这样悲痛的氛围中，教师利用多媒体技术，通过屏幕投影及慷慨激昂的讲解，充分展现了日本侵略者的残暴行径，以及我国人民在那个艰苦岁月中所经历的种种磨难。这些生动的画面和声音，感染着每一个学生，激发他们内心深处的爱国主义情感。

这一幕幕真实的历史场景，不仅让学生更加深刻地认识到日本侵略者的残忍行为，还进一步激发了他们的学习兴趣和爱国热情。同时，也充分体现了多媒体历史教学的感染力，以及音像资料在历史教学中的独特优势。这些资源不仅取之不尽，用之不竭，更是历史教学的重要宝库。

最后，教师慷慨激情的讲解进一步激发了学生们的学习兴趣和爱国热情，达到了更为理想的教学效果。

以地图创设历史情境

不同历史事件发生的地点和范围对于学生了解历史事件的发展过程至关重要，因此教师可以使用历史地图来辅助教学。地图在历史教育中扮演着重要的角色，能够帮助学生形成空间观念。

根据内容的不同，历史地图可以分为三类：综合性历史地图、专题性历史地图和个别局部的历史地图。综合性历史地图反映某一时期的全面历史地理情况，包括主要的社会和政治现象。专题性历史地图则反映特定历史问题的地理分布，可以是特定地点或跨越多个国家和年代。个别局部的历史地图其实也是专题性地图之一，用于详细展示某个具体地点或事件。根据历史地图的运用和制作方式的不同，还可以进行更详细的分类。

作为中学历史课使用的历史地图，应该满足以下要求：首先，明确目的性。历史地图必须符合教材内容，适应教学需要，不能随意增减或为追求美观而忽略实用性。根据教学目的和内容的不同，历史地图可以有形势图、略图、简图、示意图、暗射图等不同类型。其次，历史地图必须具有正确的教育性，不仅要表示历史事件的发生地点，还要配合历史发展展现变化的过程，并体现思想政治教育的内容。例如，可以使用红色或黑色标示正面或反面，以表达正义与非正义、人民与反动派之间力量的变化。最后，历史地图必须具备历史的真实性，不能违背历史时代的实际情况。例如，在绘制历史地图时，黄河的河道应该按当时的真实情况绘制，而不是现代的河道。

例如，在"汉武帝巩固大一统的王朝"教学设计中，讲到汉朝加强政治上的大一统时，教师可以展示漫画及地图：《西汉初采取的郡国制》《西汉初年分封形势图》《西汉初期中央和封国力量对比图》等。

然后，教师要求学生根据地图来探究问题：材料反映出西汉初期中央面临什么问题？

学生讨论回答：诸侯王势力强大，独霸一方，对中央形成了极大的威胁。

教师讲解：汉武帝即位后，就遇到了亡国问题。汉武帝采取什么措施解决这一问题的？

接下来，教师要求学生阅读史料《史记·平津侯主父列传》关于"推恩令"的记载，了解主父偃是如何论述削藩的必要性和应该采取什么样的措施。

教师提问：哪位同学能说出"推恩令"的主要内容？"推恩令"的巧妙在何处？

教师要求学生阅读一则史料，然后再回答。

学生：诸侯王除了让自己的嫡长子继承王位外，还可以把王国的封地分封给其子弟作为侯国，由皇帝制定封号。新封的诸侯国归中央直接统辖的郡管理。

教师展示幻灯片，更加直观地展示随着"推恩令"的执行，诸侯国的封地越来越少，中央管理的土地进一步增加，王国威胁中央的问题得到解决。

教师提问："推恩令"的实施有什么作用和影响？

教师要求学生阅读一则史料，然后再回答。

学生：削弱了诸侯王的实力，使他们无力对抗中央，加强了中央对地方的控制。

教师利用图片、文字史料和问题，培养学生的阅读分析能力，引导学生理解"推恩令"实施的背景。教师通过历史地图再现历史空间，增强学生的感性认识，激发学生对历史学习的兴趣，使学生理解"推恩令"的内容和作用。

历史地图不仅要反映历史事件在空间上的位置，还需要显示历史在时间上的发展。为了表示历史的演变，教师可以使用不同的符号、线条和颜色来表示垦殖开发、疆域变迁、都城兴废、军旅途程、战争胜败等内容。

以视频创设历史情境

教师通过视频画面、动态视图等把历史真实地展现在学生面前，再现场景和情境能够吸引学生的注意力，让学生在情感的熏染中、在情境的氛围中，感知历史，陶冶性情，激发情趣，活跃思维。如教师在讲七年级上册第14课《沟通中外闻名的"丝绸之路"》时播放了《大漠孤烟直》的一段视频，以此烘托出张骞不畏艰险、坚韧不拔的毅力和精神，有利于情感价值观的渗透和落实。又如教师在讲黄海海战的时候，播放了电影《甲午风云》中的一段视频："志远号"被日军鱼雷击沉后，邓世昌和全体将士全部落水。有人递给他救生圈，他拒绝不接受；其爱犬咬住他的发辫，希望救出主人。但是邓世昌决心以身殉国，将爱犬按入水中，自己带着满腔的悲愤和遗憾一同沉没在黄海的惊涛骇浪中。学生看了以后很感动，感受到了历史上那惊心动魄的时刻，感受到了邓世昌为国献身的无畏精神。

电影中的邓世昌形象

在引用视频资料时，教师要注意引导学生如何去判断视频史料的价值。如今，电视和电影等媒体在构建人们历史记忆中起着重要的作用，特别是对于青少年来说更为重要。根据一项权威机构的调查，青少年了解历史的途径，除了学校教育外，有一半的人是通过"影视作品""电子游戏"和"互联网"。因此，教师教会学生如何认识历史主题的影视作品并理解它们在历史证据方面的价值，变得至关重要。

首先，我们来看一下几种常见的历史主题影视作品类型以及它们在历史证据方面的价值。

1. 历史纪录片

历史纪录片通常以真实性和纪实性为追求目标，通过呈现、分析、推理和专家解读等手法来展现史料，并引发观众的思考。比较有影响的纪录片包括中央电视台拍摄的《百年中国》《大国崛起》和《世界历史》等。纪录片可以分为电影纪录片和电视纪录片。

尽管历史纪录片通常以真实为目标，特别是其中包含的许多重要史料的证史价值很高，但需要注意的是，纪录片也是一种艺术作品。纪录片是由多个影像组合而成的，当导演和剪辑师将这些影像连接在一起时，他们的艺术选择决定了纪录片的艺术特征。因此，纪录片也反映了创作者对历史事件或历史人物的主观理解，并不完全等同于历史的真实情况，也不一定能呈现出历史的全貌。因此，我们需要审慎看待历史纪录片的证史价值。

2. 历史正剧

历史正剧通常以历史事件和历史人物为基础，通过艺术手法来讲述历史故事，具有人们传承文化和以史为鉴的审美作用。影响较大的历史正剧有《汉武大帝》《康熙王朝》《太平天国》和《走向共和》等。

相对于其他历史剧，历史正剧更加尊重历史事实。但是，创作者对历史人物和历史事件的主观认识比纪录片更进一步加强，同时为了满足商业利益和娱乐需求，也不乏对历史的夸张和虚构。因此，我们要辩证地看待历史正剧的证史价值。

3. 戏说历史剧

戏说历史剧通常是以历史上真实存在的历史人物或历史事件为基础，然后根据传说或想象进行创作，是完全以满足大众休闲娱乐需求为目的的影视形式。例如电影《西楚霸王》中，楚汉战争被演绎成刘邦、项羽和虞姬的三角恋故事，将历史娱乐化。而近期一些抗日神剧更是将历史游戏化，出现了一些对历史不尊重的场景，如"手撕鬼子"。

戏说历史剧通常不能反映真实的历史，甚至会误导学生对历史的理解。特别是像抗日神剧这样的作品，不仅对历史进行了嘲讽，而且对抗日先辈和民族历史极不尊重。

对于一部历史影视作品来说，它的证史价值到底是高还是低，是还原历史还是伪造历史，以及它与真实历史的关联程度如何，这些都是观众应该思考的问题。尤其对于中学生来说，教师应该教给他们判断的方法，引导他们不盲目相信和跟从，树立历史学思维和方法的意识，从而培养独立的思考能力。

以角色扮演创设历史情境

捷克教育家夸美纽斯在《大教学论》中写道："一切知识都是从感官开始的。"这一观点反映了教学过程中学生认知规律的一个重要方面，即学生通过直观的感受可以使抽象的知识具体化、形象化，有助于理性认知的形成。所以，历史课堂教学也应充分重视学生的直观感受，如以角色扮演的方式设置情境，感受历史。例如在讲七年级历史上册第13课《东汉的兴衰》时，教师利用角色扮演的方式把东汉时期外戚和宦官交替把持中央政权这一知识点，在亲历中感悟，层层递进，深入浅出。又如在《戊戌变法》中有这样一个知识点：维新派与封建顽固势力的论战，教师可以让几名学生分别扮演荣禄、李鸿章、康有为等进行论战，从而让学生进一步了解封建顽固势力不仅仅单指顽固派，还包括洋务派，同时了解了两派论战的内容，突破了学习重难点，激发了学生积极参与课堂的兴趣。

历史作为一门丰富多彩、充满魅力的学科，其教学应该避免枯燥无味、呆板僵化的问题。情境教学作为一种有趣、生动的教学方式，不仅可以重现历史场景，更重要的是有助于培养学生的历史思维能力，并推动学生在积极参与中构建新知识。因此，在历史教学中，创设历史情境是不可或缺的教学方式。

第五章
中学历史学科育人的教学方法优化

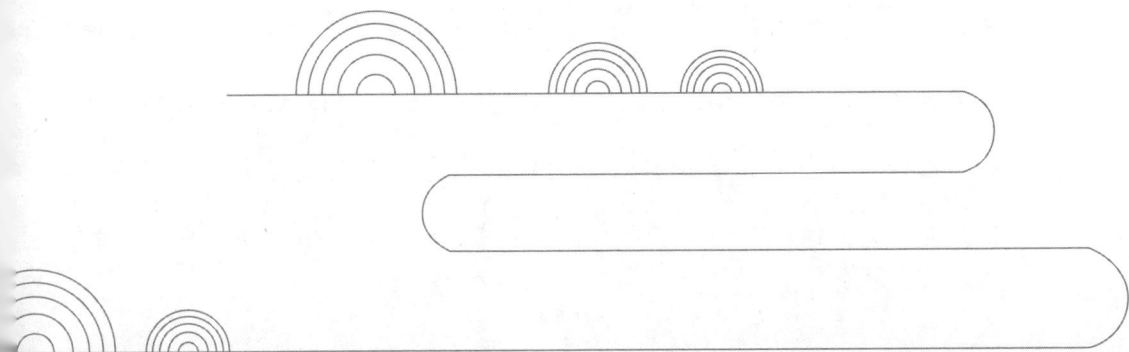

第一节　优化史料教学

　　学生喜欢历史，但不喜欢历史课，其中很重要的原因就是教师照本宣科，重历史结论，轻历史事实，重应试的提纲挈领，轻内容的丰富多彩，将原本有血有肉的历史讲成了枯燥的"木乃伊"。历史教材受篇幅局限，只能浓缩地呈现某一时期政治、经济、文化、社会生活等方面的内容，不可能像史料那样对每一历史事件做具体生动的描述。认识历史、揭示历史本质必须借助于历史事实。历史教学通过图文并茂的史料，可以增加历史课堂的生动性和情境性，激发学生的学习兴趣。

　　例如《探寻新航路》一课，为了让学生感受航海家们经历的艰辛与勇于探险的精神，教师引入了这样一则材料：

　　1520年11月28日，星期三，我们越过海峡，进入太平洋。在3个月20天里，我们没有吃过任何新鲜的食物。我们吃的饼干已不是饼干，而是爬满虫子、发出老鼠尿味的粉渣。我们喝的是早已腐臭的黄水。我们也把盖在大桅顶端的几张牛皮取下来吃了。但是它们经过风吹日晒和雨淋，已经十分坚硬，我们只好把它们放在海水里泡上四五天，然后再放在火上烤，这样才能吃下去。我们还常常吃木屑。有人卖老鼠……然而，即使这样也找不到老鼠了。

　　—— 引自与麦哲伦一起环球航行的皮加费塔在航海日记中的描述

　　这则材料是当时一位船员的日记，记载了航海时面临的困境和所思所感，客观真实，马上就把学生带入当时的情境中。教师适时提问：读过了这篇日记，你有什么感受？在学生回答缺少食物、条件艰苦的基础上，教师进一步指出，其实航海家们面临的不只是食物问题，在海上航行，随时会遇到风暴雷雨天气，还可能遇到海盗袭击。能活着返回就已经非常幸运了。麦哲伦船队265人踏上征程，最后返回西班牙的只有18人。究竟是什么精神支撑他们前进呢？教师通过引导，从而让学生理解航海家们为了梦想不畏艰难、勇往直前的勇气；为了目标勇于开拓、创新进取的精神；不达目的不罢休的持之以恒的坚韧精神。正是凭着这种精神和毅力，麦哲伦等人完成了环球航行，最终改写了人类历史。 一个日记的细节描述，增加了历史的真实感，比单纯的讲述更能起到"润物细无声"的效果，同时激发学生的学习兴趣。

　　教师通过改进史料教学方法，可激发学生的学习潜能，培养其批判性思维和创新能力。历史作为一门研究"过去"的学科，具有独特性，史料成为沟通历史与现实的桥梁。史料是我们了解、感知过去的基础，也是我们认识、评价历史的重要依据。中国著名历史学家傅斯年强调史料的极端重要性，甚至主张"史学即史料学"，虽有失之偏颇，但史料确实是还原历史的重要媒介。借助史料，我们可以逐步揭示历史事件的真相。历史的客观性也建立在史料证据的基础之上，因此，尊重历史首先必须尊重史料。

史料就是那些在人类社会历史发展过程中所遗留下来的、能够帮助我们认识、解释和重构历史过程的各种材料。梁启超认为史料是"过去人类思想行事所留之痕迹，有证据传留至今日者也"。英国历史教育法专家汤普森强调，历史教育的首要任务是帮助学生学会运用史料作为证据，并掌握研究历史的方法。这与"史料实证"在"课标"中的表述"对获取的史料进行辨析，并运用可信的史料努力重现历史真实的态度与方法"是高度一致的。

优化史料教学需要注重对史料进行合理筛选。教师应当根据学生的学业水平和兴趣爱好，选择具有代表性和启发性的史料用于教学活动。同时，教师还应当引导学生积极参与史料的发掘与整理，培养他们的信息获取和评估能力。

为提升学生的分析能力，优化史料教学需要着重培养这一方面的素养。教师可通过提出关键问题、推动课堂讨论等方式，帮助学生深入剖析史料所载的内容和背景，理解其中的逻辑关系和价值观念。此外，教师还可引导学生进行比较性研究，培养他们的综合性分析和评价水平。

"新课标"对"史料实证"的核心素养的四个级别要求如下：学生应能够区分不同种类的史料；在解答某一特定历史问题时，他们应尝试通过多个渠道获取与该问题相关的史料；认识不同类型的史料所具有的独特价值；明了史料在构建历史叙述中的基础性作用；在探究某一历史事件时，能够对相关史料进行整理与鉴别；利用不同种类的史料对特定问题进行研究，并形成对该问题更全面、丰富的解释；能够比较、分析不同来源和观点的史料；在辨别史料作者意图的基础上运用相关史料。

学生对史料在历史研究中的重要性给予充分重视是至关重要的，只有这样他们才能正确合理运用不同类型和属性的史料。教师引导学生选择恰当的史料并培养学生的分析能力和批判性思维，可以进一步提升学生的思维能力，使他们在历史学科的学习过程中取得更为显著的成果。

重视史料教学

史料教学在历史学科中具有重要地位，其重要性不言而喻。学生要学会从史料中提取信息和运用史料进行历史解释，这是初中历史学科核心素养的重要内容。史料运用的水平直接影响着历史课堂教学的效率。教师在选择史料时，首先要辨别其真伪，只有真实的史料才能客观地反映历史事实。教师在运用史料时，要遵循适时、适量和适度的原则，并在问题设计和方法引导方面下功夫，这是史料教学的关键所在。

历史是指过去发生的一切，那些事件和事实都无法再次重现。为了了解和认识历史，史料成为人们主要的信息来源。目前的初中历史教材非常重视引用史料，并增加了史料研读等内容。通过实施史料教学，初中历史课堂可以最大限度地还原历史的真实情况。教师通过有目的性的情境创设，提出问题引发学生思考，并进行实践呈现和能力提升等一系列教育活动，将探究的过程交给学生。这样做可以引导学生构建正确的历史认识，形成必要的时空观念和对史料实证的意识，培养学生探究历史的方法和历史思维，并初步形成自己的历史价值观。因此，当前史料教学备受关注，史料教学应用水平的高低直接决定了历史课堂教学的效率。

史料作为还原历史和解决问题的载体，在历史教学中扮演着核心角色。设计问题情境是史料教学的关键。问题情境的设计应基于学生，与材料紧密结合；问题应明确、精准，围绕关键问题，有助于解决重点和难点；问题的思维深度和广度不能停留在表面，应具有层次性，由浅入深，循序渐进，以使不同水平的学生皆能受益。学生应有目的地带着问题去阅读、分析、解读、提炼和整合史料，以提升自身能力为目标。

史料教学注重对史料的研读和解析，因此教师需注重方法的指导。通常史料的研读包括以下步骤：阅读史料、提取信息、解析史料、从史料中论证观点。在史料教学中，教师应培养学生搜集史料、分析解读史料、运用史料作为证据来支持观点，培养他们具备证据意识，这是历史学习的关键。

作为具有鲜明历史学科特色的史料教学，其核心并不是关注学生得出何种历史结论，而是使学生以史实为支撑，学会辨别史料、分析史料，运用史料还原历史真实的方法，并逐步形成一种"尊疑重据，求真求实"的精神，形成"论从史出，史由证来"的思维方式，使学生在学习过程中真正领悟到"史料实证"的意义。

精心选择史料

史料教学很有必要，但并非每节课、每一个问题都要增加史料。在进行教学设计时，教师要考虑在完成教学目标过程中是否必须运用史料，运用哪些史料。教师只有准确地运用史料，才能凸显史料运用的作用和效果。教师要围绕教学内容进行充分、高质量的史学阅读，不断了解教学内容的最新研究进展，在根本上提高对"课标"的研究水平，提高对教学内容的理解水平以及驾驭教材的能力，从而开展深度教学，而不是停留在浅表层水平。没有专业的史学阅读和有价值的史学资源为支撑，先进的教育教学理念就很难付诸实践。史料教学对提升教学品质、提高教学质量具有决定性意义。

史料按照载体可分为文字史料、实物史料、图像媒体史料、口述史料等；按照性质可分为一手史料和二手史料。一手史料，也叫原始史料，即历史事件、现象发生时留下来的原始资料，包括原始档案、文件、日记、信函、回忆录、照片、文物古迹等。二手史料是指已经过中间人修改或省略或转写的资料，如转载或援引的文本资料、小说、传记文学、电影、艺术作品等。一般来说，一手史料即原始史料，其可信度高，因为一手史料是当时历史事件、现象发生时留下来的原始档案、文件、日记、信函等。而二手史料已经过中间人修改或转写，真实性和可信度需要考证。

在历史学科的教学中，史料是非常重要的教学资源。通过精心选择史料，教师可以引导学生进行深入思考和分析，培养他们的批判性思维和创造性思维能力。

教师在历史教学过程中应该选择具有代表性和权威性的史料。这些史料可以是经典的历史文献、重要的历史事件记录、历史人物的著作等。教师通过引用这些史料，可以帮助学生了解历史事件的真实性和重要性，培养他们对历史的兴趣和热爱。历史资料是重构历史的关键客观基础，但并不等同于历史事实本身。它只是历史记载者对真实历史的一种主观反映。特别是文字史料，它们可能带有一定的主观因素。正如一位历史学家所说："里面可能有错误，可能有虚伪，可能有私人的偏爱或偏见，可能带有地区和民族的成见。"因此，在运用史料进行教学时，教师的首要任务是鉴别史料的真实性和内容的可信度。

教师还应该选择具有多样性的史料。历史学科的研究对象非常广泛，包括政治、经济、文化、社会等方面。因此，在选择史料时，教师应该尽量涵盖不同领域和不同角度，以便学生能够全面了解历史事件的多个方面。

教师还可以选择一些具有争议性的史料。历史学科中存在着许多争议性的事件和观点，引用这些史料可以激发学生的思考和辩论能力。同时，这也可以帮助学生了解历史研究的不确定性和复杂性，培养他们的批判性思维和判断能力。

此外，教师还可以选择一些与学生生活和现实社会相关的史料。通过将历史与学生的生活联系起来，可以增加学生对历史的学习兴趣和参与度。同时，也可以帮助学生将历史知识应用到实际生活中，培养他们的实践能力和创新能力。

精心选择史料可以提升学生的思维品质，培养他们的批判性思维、创造性思维和实践能力。因此，在教学中，教师应该注重史料的选择，尽可能为学生提供丰富多样的学习资源，激发他们对历史的学习兴趣和热爱。

合理呈现史料

历史是客观存在的事实，其真相独立且唯一。然而，记载和研究历史的学术过程往往会受到人类主观意识的影响，进而发生变化、发展，甚至出现歪曲和捏造。因此，我们必须借助史料作为媒介，以便深入历史现场。实际上，史料的价值就像是历史留下的一组记忆碎片，而研究历史的过程，就是将这些记忆碎片拼合成一幅完整的历史图案，从而使过去的生活和思想得以更加清晰地呈现。因此，史料在史学中扮演着至关重要的角色。

就历史教学过程而言，教科书仅节选了特定时期具有特定意义的典型事件、人物和文化成就等内容，以便让学生了解那个时代历史发展的特征。然而，如果将这些课本内容视为人体的骨骼，那么史料就是血肉，其在课堂教学过程中的重要性不言而喻。因此，如果缺乏史料教学这一过程，学生的历史学习将出现缺失，其情感态度价值观的培养目标也很难得以实现。

在历史学科的教学中，合理呈现史料可以帮助学生更好地理解历史事件和人物，培养他们的分析和思辨能力。为了实现这一目标，教师可以采取以下几种方法。

1. 多样化的史料形式

教师可以通过使用多种形式的史料，如文字、图片、音频、视频等，来激发学生的兴趣和好奇心。这样可以使学生从不同的角度去理解历史事件，提高他们的思维灵活性和多元思考能力。

2. 真实性和可信度的考量

在选择史料时，教师应该注重史料的真实性和可信度。教师应引导学生学会辨别史料的来源、作者、时间背景等，培养学生的批判性思维和判断能力。同时，教师还可以引导学生对不同史料进行比较和分析，从而培养学生的逻辑思维和推理能力。

3. 问题导向的教学

在呈现史料的过程中，教师可以提出一些问题，引导学生进行思考和讨论。这样可以激发学生的思维活跃度，培养他们的问题解决能力和批判性思维。同时，教师还可以组织学生进行小组合作，共同分析和解读史料，培养学生的合作意识和团队精神。

4. 创新的教学方法

教师可以运用一些创新的教学方法，如案例教学、角色扮演、讨论课等来呈现史料。这样可以增加学生的参与度和积极性，激发他们的学习兴趣和动力。同时，教师还可以利用现代技术手段，如互联网、多媒体等来呈现史料，提高学生的信息获取和处理能力。

通过合理呈现史料，教师可以激发学生的学习兴趣，提高他们的思维品质。这样可以使学生在历史学科的学习中更加主动和积极，进而培养他们的批判性思维、创新思维和合作精神。同时，学生还可以通过对史料的分析和解读，更好地理解历史事件和人物，提高历史素养和综合能力。

科学运用史料

陈寅恪曾经说："凡著中国古代哲学史者，其对于古人之学说，应具了解之同情，方可下笔。"依据史料，带学生"回到历史现场"，帮助学生触摸有温度的历史，进而养成同情、理解的自觉意识，是历史课培养人文情怀和理性意识的重要途径。

如果说历史是一门科学，它的客观性就是建立在证据基础之上。培养学生史料实证素养的最终目的，是让学生以尽可能真实的史料作为证据，还原"历史现场"，努力再现历史的真实，对历史现象、历史事件、历史人物做出科学的阐释与评价。在教学实践中，教师要在课前进行学生学情调查，了解学生的关切与困惑，并围绕学生的关切与困惑精心筛选史料、规范运用史料，带领学生回到"历史现场"，回答他们关切与困惑的历史问题。这种规范运用史料、阐释历史问题的过程，就是通过史料实证还原历史本真的过程。

科学运用史料是提升学生思维品质的重要方法之一。在历史学科的教学中，教师应该引导学生学会科学地运用史料，以培养学生的批判性思维和分析能力。首先，学生需要学会辨别史料的真实性和可靠性，了解史料的来源、作者以及编写背景等信息，以便对史料进行准确的评估和分析。其次，学生应该学会比较不同史料之间的异同之处，通过对比分析，发现其中的规律和趋势，从而深入理解历史事件的本质和背后的原因。此外，学生还应该学会运用史料进行推理和假设，通过对史料的综合分析和推断，提出自己的观点和见解，并能够用事实和证据进行支持和论证。通过科学运用史料，学生不仅可以提高自己的历史素养，还能够培养批判性思维和创新能力，为未来的学习和生活打下坚实的基础。

史料有助于学生对历史知识的理解，当然，运用史料还要体现适量的原则。单纯的历史知识苍白而枯燥，而过多的史料会加重学生的阅读负担，影响教学进度，甚至可能会冲淡重点知识。

例如，在讲"造纸术的发明"一课时，有位老师准备了充分的材料，播放了造纸术发明以前中国古代和西方书写材料的视频，利用多媒体课件展示了竹简、帛、甲骨文、羊皮纸等，介绍了西汉放马滩纸、蔡侯纸制作的工艺流程，造纸术向世界传播的地图等。一个子目用了近20分钟讲述，最终没有完成教学任务。事实上，在小视频中，对各种纸的优缺点都有介绍，教师只需在播放视频前提出问题：造纸术发明前，都出现了哪些书写材料？各有什么优缺点？世界上最早的纸是什么纸？出现在何时？蔡侯纸的原料有哪些？让学生带着问题观看，提取出重要信息即可。然后通过展示西汉放马滩纸的图片，突出西汉出现了世界上最早的纸，进而导入蔡伦改进造纸术。一个视频材料解决了所有问题。所以教师运用史料要"适量"，要少而精，引入的图片和材料过多，不仅使课堂杂乱无章，也加重了学生学习负担，导致课堂完不成教学任务。

教师要结合教学目标有针对性地筛选有价值的史料，合理取舍，辅助教学的展开。一是选择的史料不能篇幅过长，避免阅读量过大，要精心选择语言精练，并且具有典型性、启发性、一般规律性的史料；二是要注重选材的多样性，如文字、图片、地图、文物、影视材料等，能唤起学生学习的热情，防止视觉疲劳；三是史料不能求多、求新奇，要围绕教学目标选取史料。

第二节　优化历史情境教学

恰当地创设情境能够帮助学生产生身临其境的感受，从而让学生更贴近历史学科，更好地学习历史知识。如针对课堂导入、每个历史问题的设置、问题之间衔接的处理、情感态度价值观的渗透、课堂小结等课堂上的每一个环节，教师都要认真地根据课堂教学内容，创设恰当的符合学生心理、情感认知和贴近学生生活的情境，有效激发学生的学习兴趣，使学生能够体会到学习的乐趣，并且在发现问题、分析问题、解决问题的过程中掌握历史知识，提高学习效率。

创设情境的方法形式是多种多样的，比如讲故事、播放音乐、问题质疑、编演历史剧、竞赛、小组活动等。教师在讲授"战国时期的著名战役"时，先出示三个相关典故"围魏救赵""减灶计""纸上谈兵"，让学生来讲故事，既激发了学生学习历史的兴趣，培养了参与意识，又对马陵之战、桂陵之战、长平之战等知识点有了深刻的记忆，学习到我国古代军事家的聪明睿智，达到了历史教学的预期效果。

优化情境教学可以帮助学生更好地理解历史事件的背景和脉络。通过模拟历史情境，学生可以亲身体验历史事件的发生过程，了解当时的社会背景、政治环境和文化氛围。这样的教学方法可以帮助学生更加深入地理解历史事件的原因和影响，培养学生的历史思维能力和分析问题的能力。

优化情境教学可以激发学生的历史情感体验。历史是一个充满情感的学科，通过情境教学可以让学生更加真实地感受历史人物的思想、情感和价值观。学生可以通过角色扮演、情景再现等方式，深入了解历史人物的内心世界，感受历史事件对人们生活的影响。这样的教学方法可以激发学生对历史的兴趣和热爱，培养学生的历史情感体验能力。

优化情境教学可以培养学生的合作与交流能力。在情境教学中，学生通常需要分组合作，共同完成一项任务或解决一个问题。通过合作与交流，学生可以互相借鉴、互相启发，共同探讨历史事件的意义和价值。这样的教学方法可以培养学生的团队合作精神和沟通表达能力，提高学生的综合素养。

综上所述，优化情境教学接近历史本源是中学历史学科育人实践中的一种重要教学方法。通过创造真实的历史情境，让学生身临其境地感受历史事件的发生和历史人物的思想，可以提高学生的历史思维能力、历史情感体验能力以及合作与交流能力。这样的教学方法有助于培养学生对历史的理解和热爱，促进他们的全面发展。

用历史情境增强历史表达的叙事性

历史情境教学是一种以历史事件、人物和背景为基础的教学方法，教师通过创造真实的历史情境，让学生能够更深入地理解历史事件的发生原因、背后的动因以及历史人物的思想和行动。

如何利用历史情境教学来增强历史表达的叙事性呢？叙事性是历史学科中非常重要的一个方面，它能够帮助学生更好地理解历史事件的发展过程和影响，同时能够培养学生的历史思维和表达能力。

进行历史情境教学时，教师可以通过模拟历史事件的场景和角色扮演的方式，让学生亲身体验历史事件的发生过程。

在教学过程中，教师可以引导学生通过观察、分析和讨论历史情境中的各种细节和事件，来推测历史人物的思想和行动。通过这种方式，学生可以更好地理解历史人物的决策过程和背后的动因，同时能够培养学生的历史表达能力。

例如，在讲"秦始皇巩固统一的措施"时，教师引用"相关史事"中"朕""诏""玺"等的由来，来突出秦始皇的独尊地位，通过取自《史记·秦始皇本纪》中"一法度衡石丈尺。车同轨，书同文字"的原始材料，来增加历史感。教师讲述史料，看似增加了难度，实则简化了教材内容，教学效果显著。学生通过研读史料，得出自己的历史认识，学会求真求实，学会"论从史出，史从证来"的历史思维方法。

此外，教师还可以通过让学生参与到历史情境的创造和重建中，来增强他们的历史表达能力。例如，可以让学生编写历史情境的剧本、撰写历史人物的日记或者写作历史事件的报道等。通过这些活动，学生可以更好地理解历史事件的发展过程和影响，并且能够通过文字表达出来。

综上所述，优化历史情境教学接近历史本源，教师可以通过增强历史表达的叙事性来提高学生对历史事件的理解和分析能力。教师创造真实的历史情境和参与其中，学生可以更深入地理解历史事件的发生原因和影响，并且能够通过表达来展示他们的历史思维和分析能力。

以细节体察历史主体的原生态

历史离我们很遥远，教师如何拉近学习内容与学生之间的距离呢？答案是结合教学内容营造教学情境。历史课教学内容丰富，决定了其教学素材同样丰富。教师通过创造真实的历史情境，营造一定的学习情境，使学生能够更好地接近历史的本源和真实性，对学习内容留下深刻的印象。

历史是由无数个细节构成的，这些细节包括人物、事件、背景等。要真正理解历史，我们需要通过细节来感知历史主体的原生态。这意味着我们需要深入研究历史文献、考古资料、史料等，以获取更多的细节信息。

如在教学《社会生活的变化》时，教师播放了自己剪辑过的电影《渔光曲》短视频，使学生感受到时代不同，电影事业和电影水平及人们的欣赏水平都有很大变化。

在关于京剧的学习中，教师播放了梅兰芳《贵妃醉酒》资料，让学生说出自己感受到的京剧美表现在哪些方面。学生从化妆、服饰、布景、道具、唱词、腔调、动作等许多方面找到了答案。

梅兰芳《贵妃醉酒》剧照

在学习《敌后战场的抗战》时，教师播放了《地道战》短视频。学生在认真观看的同时，心中升起对中国人民英勇抗战精神和表现出来的智慧的敬佩之情。

营造历史情境时，教师恰当地应用多媒体教学手段，可以将抽象事物形象化、微观事物宏观化、复杂事物简约化，可以多角度、多层次地向学生传递信息。运用多媒体技术把文本、图像、动画、音频、视频等信息结合在一起，为历史课堂注入了灵动的因素，改变了"教师+黑板+粉笔"的传统教学模式，引导学生调动多种感官参与学习并获取信息，从而提高学习效率。

通过细节体察历史主体的原生态，教师可以更好地还原历史情境，使学生能够更加真实地感受到历史的氛围和背景。例如，在教授某个历史事件时，教师可以通过展示相关的图片、文物、音频等，让学生感受到当时的环境和氛围。同时，教师还可以通过模拟历史情境，让学生亲身体验历史事件的发生过程，从而更好地理解历史的本源。

细节体察历史主体的原生态还可以帮助学生培养批判性思维和历史思维。通过深入研究历史细节，学生可以学会分析、比较、评价不同历史事件和观点，从而培养批判性思维能力。同时，细节体察还可以帮助学生理解历史事件的复杂性和多样性，培养历史思维能力。

通过细节体察历史主体的原生态，学生可以更好地接近历史的本源，能够真实地感受到历史的氛围和背景，培养批判性思维和历史思维能力。这将有助于优化历史情境教学，提高学生对历史学科的理解和兴趣。

扫广角还原历史演进的渐进性

历史情境教学是一种通过模拟历史事件和情境来帮助学生更好地理解历史本源的教学方法。然而，为了使历史情境教学更加接近历史本源，我们需要注重还原历史演进的渐进性。

教师可以通过提供丰富的历史资料和文献来还原历史演进的渐进性。教师可以引导学生通过阅读和研究不同时期的历史文献，了解历史事件的发展过程和演变轨迹，这样可以帮助学生更好地理解历史事件的背景和原因，从而更加接近历史本源。

在讲到"美国南北战争爆发的导火线"时，教材是这样叙述的："1860年，共和党候选人林肯当选为美国第16任总统。林肯主张限制奴隶制发展，这成为南方奴隶主发动战争的借口。"为何林肯当选美国总统会成为南北战争的导火线？在前面的讲述中，我们了解到南北矛盾的关键在于奴隶制的存废。作为美国总统，林肯对于奴隶制的立场对美国历史发展起到决定性作用。然而，教材对于林肯对奴隶制的态度着墨不多。为了补充教材内容，教师可展示以下三段文字材料，创设情境并设计问题，以帮助学生进一步论证和理解教材的观点。

材料一：

我们认为奴隶制是道德上一个极大的错误，尽管并不要求有权在它存在的地方触动它，但希望在我们的选票所能及的各处把它当作一个错误对待。我们认为奴隶制是道德上、社会上和政治上的一个祸害。

材料二：

不再给奴隶制度一寸新的土地，实行关税保护。

——林肯《总统竞选纲领》

材料三：

1861年3月，林肯发表总统就职演说时表示："我无意直接或间接地在蓄奴外干涉奴隶制。我相信我没有合法的权力，而且我也不想那样做。"

（1）阅读材料一和材料二，试分析林肯对奴隶制持怎样的态度。

（2）阅读材料三，试分析林肯是否主张立即废除奴隶制及他这样做的原因是什么。

通过阅读材料一和材料二，学生可以清楚地了解林肯对于奴隶制的立场。然而，这些材料并未明确指出林肯是否主张立即废除奴隶制，这一问题的答案在教材小字部分有所涉及，但尚不充分。因此，教师引入了林肯就职演说中的一段言论，以进一步论证林肯对奴隶制的反对立场，但并不主张立即废除。关于林肯为什么不主张立即废除奴隶制，教材小字部分已做出解释，其担心处理不当会激化南北矛盾，甚至导致国家分裂。然而，这种描述不足以帮助学生完全理解这一问题。此外，林肯颁布了《解放黑人奴隶宣言》，从反对奴隶制到不主张立即废除，最终颁布宣言废除奴隶制，这一转变的原因在教材中并未提及，学生很难理解林肯态度转变的过程。因此，教师补充了另一段文字材料，以便更完整地展现林肯在这一问题上的思想历程。

　　我的最高目标是要挽救联邦，这既不是为了维护奴隶制度，也不是为了摧毁奴隶制度。如果只需不解放任何一名奴隶就能保全联邦，那我将不会去解放任何一名奴隶。如果需要解放所有奴隶才能保全国联邦，那我将毫不犹豫地解放所有奴隶。如果只需解放部分奴隶，而无需解放其他奴隶就能保全联邦，我也将选择这样做。我之所以会做对奴隶有益的事情，完全是因为我相信这样做有助于拯救联邦。我之所以选择容忍某些事情，也完全是因为我相信这样做有助于拯救联邦。今天，我并不是以个人的身份发言，而是作为一名坚定信仰这个目标的人，我经常说，愿普天之下的人都得到自由，这个愿望是我个人所坚持的，并且我将不会去修正这个愿望。

　　——1862年8月林肯总统给《纽约论坛报》编辑格瑞莱的信

根据这则材料，教师设计了下面两个思考问题：

（1）林肯的最高目标是什么？（2）他制定有关奴隶制政策的目的是什么？

经过对相关材料的研读以及对问题的深入思考，我们可以清楚地理解，林肯并未立即主张废除奴隶制。这是因为他始终秉持着维护联邦和国家统一的核心目标，而针对奴隶制的政策也是为了这一主要目标而服务的。然而，随着北方在战争中屡遭挫败，人民的不满情绪越发高涨。在此背景下，林肯充分认识到，若继续沿用原先的政策，联邦和国家有分裂的重大风险。为避免这种状况发生，他明智地调整了策略，决定顺应广大民众的意愿，废除奴隶制。这一决策的目的在于获取人民的支持，以实现维护国家统一的伟大目标。因此，林肯最终颁布宣言废除奴隶制，这实质上是林肯为确保国家团结与稳定而做出的必要调整。

通过这种方式的教学，我们避免了教材的简单灌输和重复，学生不再是被动地接受知识，而是通过在真实的问题情境中运用所学知识分析问题、解决问题，从中获取新的知识，使学习变得主动而有意义。

此外，教师还可以通过组织实地考察和参观历史遗迹来还原历史演进的渐进性。学生可以亲自走进历史场景，感受历史的氛围和历史事件的影响。通过实地考察，学生可以更加直观地了解历史事件的发展过程和历史本源，从而更加深入地理解历史学科的重要性和意义。

综上所述，通过扫广角还原历史演进的渐进性，教师可以优化历史情境教学，使其更加接近历史本源。教师通过提供丰富的历史资料和文献、引导学生进行历史情景模拟和角色扮演，以及通过组织实地考察和参观历史遗迹，可以帮助学生更好地理解历史事件的发展过程和历史本源，培养他们对历史学科的学习兴趣和理解能力。

拉景深凸显历史认识的多样性

拉景深是一种教学方法，其通过引导学生深入历史情境，使他们更好地理解历史事件和人物的背景、动机和影响。通过拉景深，学生可以更全面地认识历史的多样性，了解不同历史时期、地区和文化的差异。

例如，在讲"文艺复兴背景——中世纪基督教统治欧洲"时，教师引用了一则材料：女数学天才——希帕蒂娜之死。

希帕蒂娜

5世纪，基督教的领袖们鄙视数学、天文和物理学，有人甚至说："数学家应该被野兽撕碎或者活埋。"希帕蒂娜就诞生在这样一个黑暗的中世纪。她是一位伟大的数学家和哲学家。

一天，希帕蒂娜像往常一样到博物院讲学。行至一个教堂旁边，一群基督教暴徒立刻冲过去，把她迅速拖进教堂。灭绝人性的暴徒用锐利的蚌壳割她的皮肉，直割得她全身血肉模糊、奄奄一息，暴徒们仍不罢手，又砍去她的手脚，将她那颤抖的四肢投入熊熊烈火之中……一颗数学明星就这样陨落了。

这则材料用血淋淋的事实生动再现了中世纪基督教为维护封建统治，视科学为异端，用残忍手段迫害科学家，实行精神控制的罪恶。材料的生动性，引起学生强烈的情感共鸣，便于学生理解中世纪宗教为了维护统治，垄断文化知识，实行愚民政策，以对人们进行精神控制的本质。

在教学中，教师可以通过以下方式来拉景深，以凸显历史认识的多样性。

1. 提供多样的历史资源

教师可以搜集不同时期、地区和文化的历史资源，如文献、图片、音频和视频等。通过这些资源，学生可以感受到历史的多样性，了解不同历史情境下的人物、事件和社会背景。

2. 引导学生进行比较研究

教师可以选择不同历史情境进行比较研究，让学生发现历史的多样性。例如，可以比较不同时期的政治制度、社会结构和文化传统，让学生了解历史的变迁和多样性。

3. 进行角色扮演和模拟活动

通过角色扮演和模拟活动，学生可以身临其境地体验历史情境，感受历史的多样性。教师可以设计不同历史情境的角色扮演和模拟活动，让学生亲身参与其中，深入理解历史事件和人物的背景和动机。

通过以上方法，我们可以拉景深，凸显历史认识的多样性。这样的教学方法可以帮助学生更好地理解历史，培养他们的历史思维和历史意识，提高他们的历史素养。

当然，史料的景深要具有典型性和代表性，难易适度。不同学段的学生，由于其心理特征、思维发展水平、知识储备程度不同，对材料的接受能力也不一样。这就要求选取史料要注意层次性和渐进性。对于中学生来讲，材料要多选取直观形象、通俗易懂的图片、照片、地图、遗址、简单的文字材料等，因为挖掘图片背后隐藏的历史信息，也是学生认识历史的重要手段和基本技能。对于一些文言文的原始材料要标明出处，增加历史感和真实感，重点培养学生的阅读能力和概括能力、获取信息能力和简单的分析综合能力；对于稍高年级的学生，可以课内与课外史料兼顾，尽量选取学生身边的或拉近历史与现实距离的时政性材料，促使学生关注生活、关心社会，重点培养学生的分析能力和历史思维能力。材料要长短适度、数量适当、难度适宜，要围绕解决重点、难点和教学目标选取，不能喧宾夺主、冲淡主题，这样营造的景深才能真正发挥其辅助教学的作用。

第三节 优化历史"观点"

在中学历史学科育人实践中，优化"观点"教学是促进学生多元理解的重要方法之一。优化"观点"教学可以帮助学生更好地理解历史事件和人物，并培养他们的批判性思维和分析能力。

优化"观点"教学需要教师引导学生从不同的角度去理解历史事件和人物。教师可以通过引入不同的历史学家和学派的观点，让学生了解到历史事件和人物的多样性。同时，教师还可以引导学生从不同的社会、文化和政治背景去思考历史事件和人物，以便他们能够形成全面的观点。

优化"观点"教学需要教师鼓励学生进行批判性思考。学生在学习历史时，应该被鼓励去质疑和挑战不同的观点。教师可以提供一些具有争议性的历史事件和人物，让学生进行辩论和讨论。通过这样的活动，学生可以培养批判性思维和分析能力，同时能够更好地理解历史事件和人物。

教师依据课程标准和教材，选择有利于培养历史核心素养的教学内容和情景素材，制定学习目标、学习内容，设计学习活动，开展课堂教学，进行学习评价，环环紧扣，使历史核心素养具体化，可培养、可干预、可评价，实现"教—学—评的一致性"，形成四个重要环节，即选择单元学习主题、确定单元学习目标、设计单元学习活动、开展持续性评价。那么，对于教师来说，深度学习的这四个环节具体该怎样安排？应该考虑哪些因素？具体操作步骤是什么？这些都需要教师去潜心研究、认真学习和思考。部编版初中历史教材已经按单元主题来设计课程，教师在设计单元主题教学时，学习主题内容按教材确立的即可，然后制定其他三个环节。需要注意的是贯穿单元的大主题。例如，《中国古代史》部分，七年级上、下两册教材分为7个单元主题，下设43课，而这一时期大的主题是：统一的多民族国家巩固与发展的历程。所以，在每一小单元主题学习时，一定注意与大主题的内在联系。

必须说明的是，优化观点教学涵盖了历史核心内容、主干知识，可以说涵盖了大部分的内容，但不是所有的内容都必须纳入单元学习主题，老师要按内容所需，灵活运用教学方法，支持学生进行自主性、实践性学习。教师引导学生在原有知识的基础上，将所学的新内容与原有知识建立关联，在学习实践和应用中达到深层次的理解，并主动建构个人知识体系。例如，在学习《清朝前期社会经济的发展》一课时，教师可以利用热门话题，提升学生的学习效果。在学习动机的驱动下，学生会积极展开学习，在有效参与学习实践的过程中深入理解学习内容，实现学习效果的有效提升。

通过优化"观点"教学，中学历史学科育人实践可以更好地培养学生的历史意识和批判性思维能力。教师在教学中应该注重引导学生从多个角度去理解历史事件和人物，鼓励他们进行批判性思考，并提供多样化的学习资源和活动。这样学生可以更全面地理解历史，培养自己的思辨能力，为未来的发展打下坚实的基础。

观点型材料的选取

为了促进学生对历史知识的理解，教师应当精心选择观点型材料，以激发学生的思考和讨论。在选取观点型材料时，教师可以考虑以下几个方面。

材料的来源和权威性是选择的重要因素。教师应当选择来自权威历史学家、学术期刊或可靠研究机构的观点型材料，以确保材料的可信度和准确性。这样的材料能够为学生提供可靠的历史观点，帮助他们建立正确的历史认知。

材料的多样性和代表性也是需要考虑的因素。教师可以选择不同历史时期、不同地区或不同文化背景的观点型材料，以展示历史事件和人物的多样性。这样的选择能够帮助学生更全面地理解历史事件，并培养他们的跨文化意识和历史思维能力。教师选择和运用史料时，不能把一些文学作品、奇闻逸事、野史笔记等当作信史来对待，要对搜集来的史料进行比较、分析、鉴别。历史资料浩如烟海，教师不可能花费大量精力去甄别史料，去伪存真。所以教师在选取史料时，首选教材和教参中的史料，因为这些史料经过编写者的精心挑选，具有权威性，也有助于重难点的解决和史学方法的培养，其次才是课外史料，以避免过重的备课负担。部编版历史教材中"相关史事""知识拓展""材料研读"等栏目都是很好的史料素材。

材料的语言和表达方式也需要符合学生的理解能力和学习需求。教师应当选择简洁明了、易于理解的观点型材料，避免使用过于专业或晦涩难懂的语言。这样的选择能够帮助学生更好地理解历史观点，并提高他们的阅读和理解能力。

教师还可以根据学生的兴趣和学习需求，选择与当代社会问题相关的观点型材料。这样的选择能够激发学生的学习兴趣，使他们更加主动地参与到历史学习中。同时，这也能够帮助学生将历史观点与现实生活联系起来，培养他们的批判性思维和社会责任感。

教师通过精心选取具有权威性、多样性和代表性的材料，符合学生的理解能力和学习需求，以及与当代社会问题相关的材料，能够激发学生的思考和讨论，提高他们的历史思维能力和学习兴趣。

观点型材料的呈现

合理选择和设计观点型材料，可以促进学生对历史事件和人物的多元理解。在教学中，教师可以采用以下几种方式呈现观点型材料。

教师可以引用历史学家、学者或专家的观点来呈现材料。这些观点通常经过深入研究和分析，具有一定的权威性和可信度。教师通过引用不同学者的观点，可以让学生了解到历史事件和人物的多种解读，培养学生对历史的辩证思维能力。

　　教师可以引用历史文献、文献摘录或原始资料来呈现观点型材料。这些原始资料可以是历史文献中的原文摘录，也可以是历史事件中的相关文件、信件等。通过直接接触原始资料，学生可以更加真实地感受到历史事件和人物的背景和情境，深入理解历史的复杂性和多样性。

　　此外，教师还可以引用历史故事、历史小说或历史影视作品来呈现观点型材料。这些故事和作品通常以生动的方式展现历史事件和人物，能够激发学生的学习兴趣和好奇心。通过观看历史影视作品或阅读历史小说，学生可以更加直观地感受到历史的情感和价值，培养对历史的情感认同和审美能力。运用史料教学，教师还要向学生渗透搜集史料证据的途径和方法，比如告诉学生正史比较可靠，出土文物更能反映史实，学习近现代史可以参考相关影像资料和纪录片等，逐步树立史料证据多元化的认识。同时，教师还要鼓励学生大胆提出问题并寻找史料支持自己的观点，这也是培养学生证据意识的重要途径。

　　最后，教师还可以通过讨论、辩论或小组合作等方式来呈现观点型材料。通过组织学生进行讨论或辩论，可以激发学生的思辨能力和批判性思维，培养学生对历史事件和人物的多元理解。同时，通过小组合作的方式，学生可以共同研究和分析观点型材料，促进彼此之间的交流和合作，提高学习效果。

　　通过以上方式呈现观点型材料，学生可以在历史学科中获得更加全面和多元的理解。教师在教学中应根据教学目标和学生的实际情况，灵活选择和运用不同的呈现方式，以提高学生的学习兴趣和学习效果。

观点型材料的运用

观点型材料的运用是优化历史"观点"教学促进多元理解的重要手段。教师通过引入观点型材料，可以帮助学生更好地理解历史事件和人物，并培养他们的批判性思维和多元观点意识。

观点型材料可以为学生提供不同历史事件和人物的多元观点。通过历史学家、学者、政治家等的观点，学生可以了解到不同人对于同一事件或人物的不同解读和评价。这样的多元观点可以帮助学生拓宽思维，认识到历史并非单一的真理，而是存在着多种解释和理解。

观点型材料可以激发学生的思辨能力和批判性思维。通过对观点型材料的分析和比较，学生可以学会辨别观点的合理性和可信度，培养自己的批判性思维能力。他们可以提出自己的质疑和异议，进一步深入思考历史事件的背后原因和影响，从而形成独立的观点和见解。

教师在引入材料时要选择适当的时机。史料是教材内容的补充或解读，往往围绕教学目标、解决重点难点而选用，从而辅助知识教学，搭设"学习支架"。过早引入史料可能导致学生无法充分理解其内容，并可能引发认知障碍；而迟缓引入史料可能会因学生已形成固定认知而使其难以再产生积极影响，从而极大地限制史料教学的效果。因此，教师必须注重在恰当的时间引入史料，同时注意史料的呈现顺序，由浅入深，以便充分发挥史料对课堂教学的积极促进作用。

例如，在讲完《鸦片战争》一课内容后，教师可出示以下材料：

那次的战争我们称之为鸦片战争，英国人则称之为通商战争，两方面都有理由。关于鸦片问题，我方力图禁绝，英方则希望维持现状：我攻彼守。关于通商问题，英方力图获得更大的机会与自由，我方则强硬要维持原状：彼攻我守。

——蒋廷黻《中国近代史》

然后教师依次提出下述问题：

（1）"那次的战争我们称之为鸦片战争，英国人则称之为通商战争，两方面都有理由。"谈谈你对"两方面理由"的理解。

（2）你如何看待这次战争的实质，请说明理由。

（3）就该事件不同名称的争论可以看出，对同一历史事件的不同评价会受到哪些因素的影响？

第一个问题针对的是多元理解，第二个问题针对的是个体理解，第三个问题针对的是观点差异背后的原因。通过上述渐进分析，一方面，学生的视野得到拓宽，不仅了解了国内学界对鸦片战争性质的主流观点，也了解了西方对鸦片战争原因的看法；同时，学生的理性意识得到培养，通过对双方观点的理解和差异原因的分析，学生逐渐形成个体观点。

此外，观点型材料还可以帮助学生培养多元文化意识和尊重他人观点的能力。通过接触不同文化、不同历史背景下的观点，学生可以更好地理解和尊重他人的观点。这有助于培养学生的跨文化交流能力和包容性思维，使他们能够更好地与他人进行合作和沟通。

综上所述，适量适度地运用观点型材料，是优化历史"观点"教学促进多元理解的重要手段。教师通过引入多元观点，激发学生的思辨能力和批判性思维，培养他们的多元观点意识和尊重他人观点的能力，可以更好地促进学生对历史的理解和思考。

第四节　回到历史现场

　　在中学历史学科育人实践中，教学方法的优化对于学生的历史学习和人文素养的培养起着至关重要的作用。本节将重点探讨一种教学方法——回到历史现场，同情之理解过去，以帮助学生更好地理解历史事件和人物，培养他们的同情心和历史思维能力。

　　回到历史现场是指通过模拟或实地考察等方式，让学生亲身体验历史事件的背景和情境。通过参观历史遗址、博物馆或进行角色扮演等活动，学生可以更加直观地感受到历史的真实性和复杂性。这种亲身经历可以激发学生的学习兴趣和好奇心，使他们更加主动地参与到历史学习中。

　　同情之理解过去是指通过培养学生的同情心，使他们能够更好地理解历史事件中的各种情感和动机。历史不仅仅是一堆事实和数据的堆砌，更是人类情感和意志的交织。教师通过引导学生从历史人物的角度出发，设身处地地思考他们的处境和选择，可以帮助学生更加深入地理解历史事件的背后原因和影响。

　　例如在讲唐朝建立到"贞观之治"时，教师可以通过情感过渡、细节过渡和逻辑过渡，以达成对学生阶段学习任务的要求落实。

教师过渡：52岁登基为帝的李渊经历了8年的辉煌时光。皇权的传承最终以血腥的手足相残方式收场。626年7月2日，长安城太极宫的北门——玄武门，李世民及其部众杀死了哥哥、弟弟及子侄们。之后，李渊在花甲之年宣布"禅位"，传位给他的二儿子李世民，被迫做了太上皇。627年，李世民把年号改为"贞观"。"贞观"一词出自《易经》，"贞"，正也，"观"，示也，即"以正示人"之意。

接下来请大家自主阅读教材第7至第8页第二自然段结束。看一看"以正示人"的唐太宗在用人、治国之策、国家管理所呈现的局面方面表现怎么样？在课本中勾画并完成表格（前面表格的唐太宗部分）。

在教学实践中，教师可以通过讲解历史事件的背景和情境，引导学生进行角色扮演或小组讨论等活动，让学生从不同的角度去思考历史事件，并表达自己的观点和感受。同时，教师还可以引导学生进行文献阅读和研究，通过分析历史文献中的细节和描述，培养学生的历史思维能力和批判性思维能力。

回到历史现场，同情之理解过去的教学方法，可以帮助学生更加深入地理解历史事件的背景和意义，培养他们的同情心和历史思维能力。这种教学方法不仅可以提高学生的历史学习成绩，还可以培养他们的人文素养和社会责任感，为他们未来的发展奠定坚实的基础。

回到具体时空，准确定位坐标

回到具体时空，准确定位坐标的内容主要包括通过历史现场的方式，深入理解过去的历史事件和人物。在教学中，教师可以通过引导学生观察历史文献、考古遗址、文物等实物，以及通过模拟实验、角色扮演等方式，让学生亲身体验历史时空背景，感受历史人物的生活环境和思想情感。

例如，八年级下册第5课《三大改造》比较枯燥，在制作多媒体课件时，教师通过剪辑链接，设计一个动漫版的视频歌曲放映《社会主义好》，在直观和听觉上都使学生耳目一新，直接切入"社会主义"一词，唱出学生的求知欲，社会主义为什么好呢？就让我们在歌声中走进社会主义，去体会社会主义好在哪里。通过这种方式，可以轻松自然地转入新知识的教学中。利用歌曲进行导入，能够有效地缩小师生之间的年龄差距，营造出和谐的师生互动环境。同时，这种方法也活跃了课堂氛围，激发了学生的学习积极性。学生们的学习兴趣变得越来越浓厚，他们从一开始就能够轻松愉快地投入课堂中，为后续学习打下坚实的基础。

通过这种方式，学生可以更加直观地理解历史事件发生的原因、背后的社会背景和人们的情感体验。同时，通过准确定位坐标，学生可以更加清晰地理解历史事件发生的地点和时间，进一步加深对历史事件的认识和理解。通过回到具体时空，准确定位坐标，学生可以更加全面地把握历史事件的背景和内涵，提高历史学科的学习效果。

这里有一则案例，是七年级"清末民初的社会与经济"教学实录片段。

师："皇帝倒了，辫子割了。"这一简短的话语，是瞿秋白这位目睹了辛亥革命的少年，对当时社会巨变的深刻感受。这个表述以形象生动的方式，揭示了辛亥革命的两大历史性贡献：其一是废除了帝制，其二是废除了辫子文化。

清朝男子梳辫子的习俗，源自入关之初的剃发令。在"留发不留头，留头不留发"的严厉威胁下，汉族男子被迫留起了长辫子。这种发型经历了从最初的反抗到被迫接受，然后是麻木，最后转变为将其视为正常习俗的过程。康有为是较早提出剪辫的人。他在上书光绪帝的奏折中，详述了留辫子的诸多不便：如卫生状况不佳、在战斗中可能被揪住、可能遭受外国人歧视、可能被卷入机器等。

师：但康有为的这封上书，光绪帝却没有同意，为什么？

生：因为这根辫子象征着对大清帝国的效忠，剪掉这根辫子，就相当于是反对大清帝国。

师：对，也正因为这根辫子具有特殊政治含义，中华民国建立之后，临时大总统孙中山即下令限期二十天内一律剪辫。

（出示材料）

满虏窃国，易吾冠裳，强行编发之制，悉从腥膻之俗……今者清廷已覆，民国成功，凡我同胞，允宜涤旧染之污，作新国之民……凡未去辫者，于令到之日限二十日，一律剪除净尽，有不尊者以违法论……

——孙中山《命内务部晓示人民一律剪辫令》，1912年

师：一时间，两三百年前的剃头盛况又一次出现在中华大地之上，

175

而这一次，是剪了辫子。孙中山作为革命的先驱，早在1895年广州起义之后，便已断然割去了辫子，这一举动象征着与旧王朝的决裂，展现了他作为先行者的革命决心。而黎元洪则是在武昌起义的枪口威逼下，无奈地割去了辫子，这一事件揭示了一个旧官僚在历史洪流中的政治转变。至于袁世凯，他在出任民国大总统之前，也断然割辫，这一行为虽表明他在名义上支持共和体制，但实际上他的内心却更倾向于专制君主。对于普通百姓而言，他们对剪辫这一历史事件的情感是复杂的，既有着对旧秩序的不满和抵触，也有着对新时代的期待和希望。

我们来看一段纪录片的片段，这个片段来自中央电视台为了献礼21世纪而拍摄的大型纪录片《百年中国》。这部纪录片通过对中国20世纪的回顾，延请多位研究中国近代史的专家作为历史顾问，诸如杨天石、杨奎松等历史大家，并搜集了大量珍贵历史资料，力求为大家展现一个民族的近代化史。

（出示视频）

1895年孙中山在日本断发易服，开始投身共和革命；1903年留学日本的鲁迅，也告别了长长的辫子，并刻意在照片后题诗，表达了忧国忧民的情怀。迫于朝野的压力，清政府新政期间松动了留辫子的禁令。1910年，资政院通过了剪辫易服案。这一年张园召开了剪辫大会，一时盛况空前。这些一百年前的照片，出自外国摄影师之手。在他们眼里，辫子是这个封闭保守国度的象征。随着大清王朝的灭亡，也宣告了辫子这种陋习的终结。一场改朝换代的变革，从人们的日常生活和服饰发辫开始了。（采访97岁老人尹明德）"孙中山闹革命那时候我就大点了，那时候大街上游行，扛着扫把，意思就是扫除旧习。旧习就是女孩子不叫缠足了，男的不叫留辫子了，因为辫子没有用。那时候男的剪辫子的时候还是心疼呀，差不多的就不让绞。"

——出自纪录片《百年中国》第五集"共和之梦"之二"剪辫运动"

师：通过该纪录片，我们得以获悉当时社会上发生的一项重大变革，即推行剪发辫政策。然而，人们对于这一措施的态度究竟如何呢？

生：通过这段纪录片，我感到大多数人还是挺愿意随着社会时代的进步剪掉这条辫子、改掉这个陋习的，但也有一些人其实是不愿意剪辫子的，很心疼。

师：该纪录片反映的内容与历史真实的关联度高吗？它的观点是否可靠呢？我们一起来分析。

师：首先从作品的创作背景分析：该片摄于21世纪初，史学氛围相对宽松；并聘请了多位史学大家，其专业性较有保证；另外，搜集了大量珍贵历史资料，证据较为充分。由此判断，从创作背景来看，该纪录片的证史价值如何？

生：较高。

师：接着，从纪录片所依据的史料价值分析：刚才的纪录片中都使用了哪些具体的史料？

生：历史照片（孙中山、鲁迅）、历史档案（包括公文、报刊等）、亲历者口述。

师：它们都属于哪种类型的史料呢？

生：照片属于实物史料；档案、报刊等属于文献史料；亲历者的叙述是口述史料。史料类型丰富。

师：运用了这么多类型的史料，那么这些史料的价值如何呢？我们来逐一分析一下。

师：以照片为主的实物史料，以档案、报刊为主的文献史料，在这里都是原始史料，史料价值较高；以亲历者口述为主的口述史料，虽是原始史料，但受口述者主观影响，史料价值不及前两者。总体而言，史料价值都较高。

师：而且这些史料，对于我们非专业研究者来说，是很难得到的，因此，我们要高度重视纪录片中的这些史料。

师：纪录片中说"一场改朝换代的革命，从人们的日常生活和服饰发辫开始了"。清政府新政期间迫于形势的压力，资政院通过剪辫易服案，在张园召开剪辫大会。

师：从整体上来看，这部纪录片通过照片、旧新闻片段以及相关人士的回忆等各类原始材料，以相互佐证的方式，成功地再现了当时的历史情境。这些史料不仅在种类上相当丰富，而且从史料到得出结论的逻辑推理过程亦具有较强的严密性。因此，可以认为该结论具有较高的可信度。

师：但我们知道，纪录片是其拍摄者对历史的一种看法，也就是说，是其对历史的一种解释。有时历史还会有其他解释。

（出示《申报》材料：有人因不愿剪辫而猝死）

师：这则材料呈现了人们对剪辫运动的另一种态度，是对历史的另一种解释。因此，我们在观看纪录片时要保持独立思考的意识，要懂得有时对于同一历史事件会有不同的解释，历史认识是多元的。

本次课堂的教学很好地带领学生通过纪录片回到具体历史时空，并在这个过程中进行史料价值的讲解。在"剪发辫"内容环节中，教师进行了方法示范。其中一种判断视角是"作品的创作背景"，学生可以分析创作者的身份、创作时期的文化氛围以及创作过程的严谨程度等。另一种判断视角是"作品所依据史料的价值"，学生可以鉴别不同类型和性质的史料，如直接史料和间接史料，实物史料、文献史料以及口述史料等。学生还可以针对具体问题对各个史料进行有针对性的辨别，考虑到有些史料是场景还原或艺术想象所创造的，其证史价值需要进一步验证。另外，学生可以通过史料互证是否充分、逻辑生成是否严密等来判断"结论形成的方法是否科学"。最后，教师引导学生认识到，尽管具体历史影视作品的史料价值有高下之分，但仍需意识到历史影视作品反映的是创作者对历史的理解，其观点或结论是对历史的一种解释。因此，在分析其客观证史价值的同时，不能忽视其主观性特征。

对应人物身份，精准深入历史

对应人物身份精准深入历史是指在历史教学中，通过深入研究历史人物的身份和背景，使学生能够更好地理解和同情历史事件中的各个参与者。通过对历史人物的身份进行精准还原和解读，可以帮助学生更好地理解历史事件的背景和动因，从而增强他们对历史的学习兴趣和参与度。

在教学中，教师可以通过引导学生进行角色扮演或者模拟历史情境的方式，让学生亲身体验历史人物的生活和思想，从而更加深入地理解历史事件的发生和影响。通过这种方式，学生可以更加全面地了解历史人物的动机、心理和行为，进而培养他们对历史人物的理解能力。

如在教学"日本帝国主义在中国的罪行"有关内容时，为了使学生真切地感受日本帝国主义的野蛮和残暴，以及对中国人民的无情迫害，教师可以选用有关的视频史料、图像史料，使学生感受中华民族在日本帝国主义铁蹄下的悲惨命运，使学生铭记历史，勿忘国耻，树立实现中华民族伟大复兴的使命感、责任感。

此外，教师还可以通过讲解历史人物的生平事迹和背景，引导学生思考历史人物在特定历史背景下所扮演的角色和所面临的困境。通过分析历史人物的身份和处境，学生可以更好地理解历史事件的复杂性和多样性，培养他们对历史的思考能力和批判意识。

例如，在讲解《长征》一课时，教师可以制作设计剪辑关于《红军不怕远征难》《遵义会议》影片的片段，让学生在观看影片时，产生身临其境之感，随后，为学生简洁明了地阐述红军长征的背景、过程和结果。在这种情境下，学生能够轻松地掌握这一段历史知识，深切体会红军的英勇顽强和坚韧不屈的英雄主义精神，同时感受到中国革命历程的曲折。由此激发学生对生活的热爱和对党的深厚感情。

《红军不怕远征难》剧照

针对学生所处身份采用深入历史事件和人物的教学方法，可使学生更加深入理解历史，提高学生对历史的学习兴趣和热爱，同时有效提升学生的历史思维能力以及人文素养。此教学方法能够促使学生更加积极地参与历史学科学习，进而提高其学习效果及兴趣。

还原复杂处境，理解博弈过程

在历史学科教学实践中，教师需要带领学生回到历史现场，通过同情之理解过去的方式，帮助学生还原历史中的复杂处境，并深入理解其中的博弈过程。

历史是一个复杂而多变的过程，其中涉及各种各样的人物、事件和背景。为了更好地理解历史，学生需要将自己置身于当时的环境中，设身处地地去感受历史人物的处境和思考方式。

通过同情之理解过去的方法，学生可以尝试还原历史中的复杂处境。这意味着学生需要了解当时的社会背景、政治环境、经济条件等因素，以及历史人物所面临的各种困境和选择。只有通过还原这些复杂处境，学生才能更好地理解历史人物的行为和决策，并从中汲取教育意义。

在理解博弈过程的同时，学生也需要关注历史中的各种利益冲突和权力争夺。历史中的博弈过程往往是复杂而曲折的，各方面的利益交织在一起，形成错综复杂的关系。通过深入理解博弈过程，学生可以更好地把握历史的发展脉络，理解各种事件和决策的来龙去脉。

如在对《戊戌变法》一课进行教学设计时，教师可以让学生评价康有为、梁启超倡导的百日维新设计问题：康、梁主张建立君主立宪制，可以看出是哪一阶级利益的要求？而同时他们的变法依靠光绪帝，可以看出又在维护谁的利益？学生在思考过程中，很容易理解为什么戊戌变法失败了。同时学生能够理性地看待历史，以历史的、辩证的观点去评价康有为和梁启超。所以教师在设计教学时，要以唯物主义历史观为指导，引导学生分析历史，培养学生的理性精神，发展学生的批判性思维。唯物史观对于帮助学生以历史的、辩证的眼光看问题，认识历史事件、人物的进步性和局限性是非常有必要的。

教师通过还原复杂处境和理解博弈过程的方式，帮助学生更好地理解历史，并从中获得育人的教育效果。通过这种方式，学生将能够培养同情心和理解力，提高历史学科的学习效果，同时能够将历史中的智慧和经验应用到现实生活中。

关注史实变迁，动态把握历史

关注史实变迁，动态把握历史的重要性在于深入理解过去的情境和背景，以便更好地同情历史人物和事件。通过关注史实的变迁，学生能够更加全面地了解历史的发展脉络和演变过程。这种动态地把握历史的方法可以帮助学生更好地理解历史事件的原因和影响，培养他们对历史的兴趣和热爱。

增加历史的鲜活度，即时点燃学生的学习兴致；发掘原因与结果、动机与后果、延续与变迁等助力学生形成历史思维的逻辑性。

比如在讲解《从"贞观之治"到"开元盛世"》一课时，教师可以进行提问导入。

教师提问：隋朝灭亡的时间以及最后一位统治者是谁？

学生反馈：618年，隋炀帝。

教师引领：祸起萧墙，反抗隋朝统治的除众多农民武装力量之外，还有受隋王朝恩惠的地方官僚，其中包括隋炀帝的姨家表哥，名叫李渊，依靠其次子李世民等人的竭力辅佐，赢得了巅峰的权力。请大家阅读课本第6页第一自然段中的前两句话，根据时间、都城、建立者（庙号）及国号等历史要素来描述一个新王朝的建立。

在这里，教师提的问题，回避了科举制创立、隋朝大运河以及隋朝灭亡的原因等角度，其提问的目的不是为了通过提问复习巩固旧知识，而是要为本节课以人物为主线的教学设计做关系搭建，增加历史人物的鲜活性，帮助学生了解隋唐更迭的内在亲缘联结。开凿大运河、开创科举制的杨广，既有隋文帝又有隋炀帝谥号的迥异差别，形成隋唐一脉的整体感知。

通过对历史的动态把握，学生可以更好地理解历史人物的思想和行为，从而更好地同情他们的处境和选择。这种同情之理解过去的能力不仅可以帮助学生更好地理解历史，还可以培养他们的同理心和人文关怀，提升他们的人文素养和社会责任感。因此，在历史学科的教学中，教师应该注重史实的变迁，动态把握历史，以便更好地培养学生的同情之理解过去的能力。

第六章

中学历史学科育人的评价探索

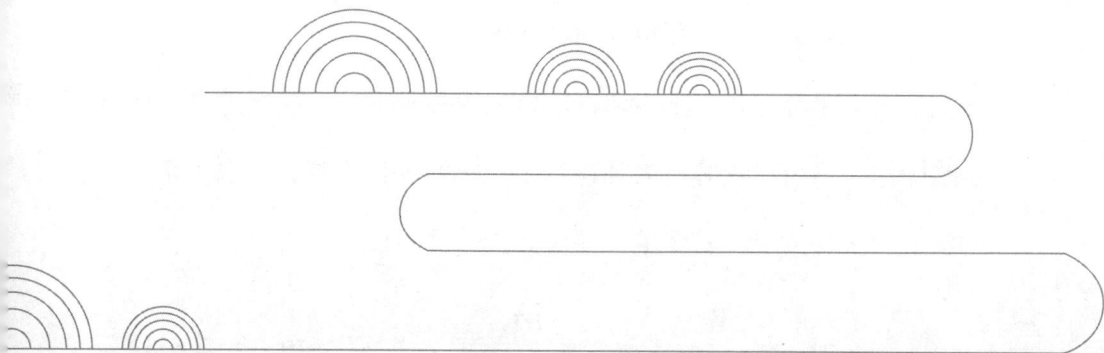

第一节　学习评价的重点

《基础教育课程改革纲要（试行）》明确指出：评价不仅要关心学生的学业成绩，而且要发现和发展学生各方面的潜能，了解学生发展中的需求，帮助学生认识自我，建立自信。在中学历史学科育人实践中，学习评价是一项重要的工作。历史教学评价是指以历史教学目标为依据，运用可操作的科学手段，通过各种手段和方法对历史教师教学、学生学业发展的信息进行全面而准确地收集、整理后，根据历史教学质量、学业成就评价标准进行的价值判断，从而为历史教师专业发展和学生学业水平的提高提供依据。本节将探讨学习评价的重点与策略，以帮助教师更好地进行测量评价。

确定评价的目标。学习评价应该明确评价的目标，即评价学生在历史学科方面的知识、能力和素养的发展情况。教师可以根据教学目标和学生的学习需求，确定评价的内容和标准。

多元化评价方式。学习评价应该采用多种方式，包括笔试、口试、实践操作、小组讨论等。教师通过多元化的评价方式，可以更全面地了解学生的学习情况，避免单一评价方式的局限性。

引导学生自主评价。学习评价不仅仅是教师对学生的评价，还应该引导学生进行自主评价。教师可以通过提供评价标准和反馈机制，帮助学生主动参与评价过程，提高他们的学习自觉性和主动性。

及时反馈与指导。学习评价应该及时给予学生反馈和指导。教师可以通过批改作业、讲评、个别辅导等方式，向学生提供具体的评价意见和学习建议，帮助他们改进学习方法和提高学习效果。

综合评价与个性化发展。学习评价应该综合考虑学生的各个方面表现，包括知识掌握、思维能力、学习态度等。同时，应该注重学生的个性化发展，鼓励他们发挥自己的特长和潜能。

通过以上策略的运用，中学历史学科育人实践中的学习评价将更加科学、全面和有效，有助于促进学生的历史学科素养的提升。无论采取何种评价策略，教师在使用过程中都要关注通过这种策略所获取信息的真实性与可靠性（即评价的信度），关注通过评价结果所做推论的准确性和有效性（即评价的效度），关注评价是否真正起到促进学生成长和教师发展的实际作用（即评价的实效），以保证评价的科学性。

评价的重点

学习评价的重点主要包括学生的知识掌握程度、思维能力的培养以及学习态度的塑造。在历史学科育人的测量评价中，评价的重点应当围绕以下几个方面展开。

1. 评价学生的知识掌握程度

历史学科是一门知识密集型学科，学生对历史知识的掌握程度直接反映了他们的学习成果。评价应当注重考查学生对历史事件、人物、时代背景等的理解和记忆能力，以及对历史概念、原理和规律的掌握程度。

2. 评价学生的思维能力的培养

历史学科不仅仅是知识的堆砌，更重要的是培养学生的思辨能力、分析能力和创新能力。评价应当注重考查学生对历史事件的因果关系的分析能力，对历史问题的多角度思考能力，以及对历史材料的解读和评价能力。

3. 评价学生的学习态度的塑造

历史学科的学习需要学生具备积极主动的学习态度和学习方法。评价应当注重考查学生的学习兴趣和学习动力，以及学生在学习过程中的自主学习能力和合作学习能力。

综上所述，学习评价的重点在于评价学生的知识掌握程度、思维能力的培养以及学习态度的塑造。通过对这些方面的评价，教师可以全面了解学生的学习情况，为进一步的教学提供有效的参考。

评价的策略

评价的策略是指在学习评价过程中所采用的方法和手段。在中学历史学科育人的测量评价探索中，评价的策略是非常重要的一环。为了有效评价学生的学习情况和能力发展，教师可根据课程标准规定的学习目标为考试的基本依据。全面、准确地从知识与能力、过程与方法、情感态度与价值观三个维度对学生进行考查。

教师可以通过课堂观察来评价学生的参与度和学习态度，如观察学生是否积极回答问题、是否主动参与讨论等。

教师可以通过作业和考试来评价学生的知识掌握和运用能力，如通过书面作业和笔试来考查学生对历史知识的理解和应用能力。

教师还可以采用项目评价的策略，让学生参与到历史研究和展示活动中，通过实际操作来评价学生的研究能力和表达能力。

综上所述，评价的策略应该多样化，结合课堂观察、作业考试和项目评价等多种手段，全面发展与关注潜能相结合、共同标准与尊重个性相结合、过程评价与结果考核相结合、定性评价与定量评价相结合、自我评价与他人评价相结合、发现问题与促进发展相结合，全面评价学生的学习情况和能力发展。

中学历史能力培养与考查对应序列表			
能力类别	培养层次		评价目标	考查的主要手段
掌握历史的能力	基础知识的掌握	基本史实的记忆	确切地再现或再认重要史实	选择、填空、识图、解词、列举
		基本概念的形成	准确地表述历史概念	
		基本线索的清理	厘清历史现象的来龙去脉	

续表

中学历史能力培养与考查对应序列表				
分析历史的能力	基础知识的运用	历史现象的分析	分析历史现象或历史资料，得出正确结论	列举材料解析问答
		历史现象的综合	综合历史现象或历史材料，进行正确评述	
		历史现象的比较	比较历史现象或历史材料，得出相应的正确结论	
总结历史的能力	历史思维的扩展	历史问题的辩证思维	对复杂的历史现象进行深入探讨	问答、阅读、讨论
		历史问题的学术争鸣	对学术界争议的问题有所了解，并能说出自己的看法	
		历史问题的质疑问难	对教材或讲授能质疑问难，促进教学相长	

学习评价方法列举

学习评价的目的是为了了解学生的学习情况和能力发展，并为教师提供有效的教学反馈。本节将介绍几种常见的学习评价方法，包括书面考试法、学生互评法、观察记录法和教师点评法。

1. 书面考试法

书面考试法是一种常见的学习评价方法，通过给学生提供一定的题目，要求学生在规定的时间内完成答题，以此来评价学生对历史学科知识的掌握程度和运用能力。这种方法可以客观地评价学生的学习成果，但也存在一定的局限性，比如只能评价学生的书面表达能力，不能全面了解学生的思维方式和创造力。

2. 学生互评法

学生互评法是一种鼓励学生之间相互评价的方法。在历史学科中，学生可以通过小组讨论、合作项目等形式，互相评价对方的学习成果和表现。这种方法可以促进学生之间的合作与交流，培养学生的批判性思维和团队合作能力。

3. 观察记录法

观察记录法是一种通过观察学生在学习过程中的表现来评价其学习情况的方法。教师可以观察学生的参与度、思考能力、问题解决能力等方面的表现，并记录下来进行评价。这种方法可以使教师更全面地了解学生的学习情况，但也需要教师具备较强的观察和记录能力。

4. 教师点评法

教师点评法是一种由教师对学生学习情况进行评价和反馈的方法。教师可以通过课堂讲评、作业批改等方式，对学生的学习成果进行点评和指导。这种方法可以使教师及时纠正学生的错误，帮助学生提高学习效果，但也需要教师具备专业的知识和评价能力。

学习评价是中学历史学科教育的重要组成部分。通过综合运用多种评价方法，教师可以更全面地了解学生的学习状况和能力发展情况，为教师提供有效的教学反馈，从而促进学生的全面发展。教师在进行总结时，除了公布成绩之外，还应对测验情况进行全面分析。对于考卷答案，也应该进行评估，这种评估就是信息反馈。在评价过程中，教师应该肯定学生的成绩，表扬成绩优秀和进步显著的学生，公布标准答案，并指出试卷中普遍存在的错误以及这些错误产生的原因，以便让学生从中吸取经验和教训，明确自己的努力方向。如果考试后的总结工作做得好，那么它能够增强学生的学习信心，使学生端正学习态度，并激励他们继续前进。

教师也应通过测验后的总结和试卷分析，从形成学生知识缺陷的原因中检查自己的教学工作，找出教学中的薄弱环节，在今后的工作中加以注意和改进。

第二节　教学评价的视角与要素

在中学历史学科育人实践中，教学评价是一项重要的工作，它能够帮助教师了解学生的学习情况，指导教学设计和改进教学方法。于友西教授提出："决定历史课堂教学质量的变量是十分复杂的，影响的因素极多，因此要找出一个公式、一种评价标准和模式来说明什么样的课是一堂好的历史课，是非常困难的。"历史教师课堂教学评价是历史常规教学的中心环节和基本途径，在以班级授课制为教学基本组织形式的情况下，历史课堂教学的质量高低是决定教师教学质量及学校历史教学工作成效的最重要因素；历史课堂教学是教师业务素质、教学能力的综合表现和具体展示。因此，历史教师课堂教学质量评价是关系到教师、学校发展的重要工作，具有重要意义。本节将从教学评价的视角和要素两个方面进行探讨。

首先，教学评价的视角是指评价的角度和方法。在中学历史学科育人实践中，教学评价可以从多个视角进行，如学生的知识掌握程度、思维能力的培养、历史意识的形成等。教师可以根据不同的教学目标和学生的特点，选择合适的评价视角，以全面了解学生的学习情况。

其次，教学评价的要素是指评价的内容和标准。在中学历史学科育人实践中，教学评价的要素包括学生的知识掌握情况、思维能力的培养情况、历史意识的形成情况等。评价的内容应该与教学目标相一致，评价的标准应该明确、客观、公正，能够准确反映学生的学习情况。

教师应该根据教学目标和学生的特点，选择合适的评价视角，并明确评价的内容和标准，以提高教学效果，促进学生的全面发展。

一级指标	二级指标	标准
教学目标	目标的制定	适宜性、全面性
	目标的实施	操作性
教学内容	内容的理解与表述	科学性、基础性
		思想性、逻辑性
	内容的组织与安排	重点突出、难点突破
		深度、广度适宜
教学方法、手段	使用目标	目的性
	使用种类	多样性
	使用效果	适用性
教学过程、环节	组织与展开	层次性、节奏性
	转换	有序性、流畅性
	搭配	合理性
	调控	有效性、灵活性
教学效果	教学目标的达成	整体性
		生成性
		突破性
		表现性
		灵活性
	教学特色的表现	独特性

课堂教学评价的整体观察

课堂教学评价的整体观察是指对教学过程中的各个方面进行综合观察和评价，以全面了解学生的学习情况和教学效果。

1.教学目标的达成情况

通过观察学生在课堂上的表现和回答问题的能力，评估教学目标是否得到了有效的达成。

2.教学内容的呈现与组织

观察教师在课堂上对历史知识的讲解和呈现方式，评价教学内容的合理性和组织性。

3.学生参与互动情况

观察学生在课堂上的积极性和参与度，评估学生与教师之间的互动情况以及学生之间的互动情况。

4.教学方法与手段的运用

观察教师在课堂上采用的教学方法和教学手段，评价其对学生学习的促进作用和效果。

5.教学环境与氛围的营造

观察教师在课堂上创设的教学环境和氛围，评估其对学生学习积极性和情感态度的影响。

通过对课堂教学评价的整体观察，我们可以全面了解学生的学习情况和教学效果，为进一步的教学改进提供有力的依据。

上岗教师课堂教学评价

姓名：_____ 性别：_____ 年龄：_____ 学校：_____

课程内容：_____ 执教班级：_____

教师说课与自评：_____

评价项目	评价等级						
1.语音语调：语言规范，语调得当	A	B	C	D	E	F	G
2.形象教态：衣冠端正，举止大方							
3.板书设计：重点突出，清晰明了							
4.教具设施：贵在利用，鼓励革新							
5.知识的科学性：知识无误，观点正确							
6.知识的逻辑性：中心突出，层次分明							
7.目标的明确性：知能德美，把握适度							
8.时间的合理性：紧而不赶，松而不散							
9.情感的饱满性：真实亲切，和谐融洽							
10.传授的艺术性：有的放矢，深入浅出							

评语：

　　　　　　　　　　　　　　　　　　　　评价人：

　　　　　　　　　　　　　　　　　　　　　年　月　日

课堂教学评价的专项观察

课堂教学评价是指通过观察教师在课堂上的教学行为和学生的学习情况，对教学效果进行评价和反馈的过程。

在进行课堂教学评价的专项观察时，我们需要关注以下几个要素。首先是教师的教学方法和策略。观察教师在课堂上采用的教学方法和策略是否合理有效，是否能够激发学生的学习兴趣和积极性。其次是教师的教学内容和知识传递。观察教师是否能够准确传递历史学科的知识，是否能够将抽象的历史概念和事件具体化，使学生易于理解和接受。最后是学生的学习情况和表现。观察学生在课堂上的学习情况，包括他们的参与度、注意力集中程度、思维活跃度等，以及他们对所学知识的理解和应用能力。

历史课堂教学效果评价的起点和终点应该是学生，如教学目标、教学设计、测量评价等教学环节是否真正做到了以学生为主体进行设计，是否有利于学生的学习。

对传统的历史课堂教学因素应该正确看待，课程改革在诸多方面，尤其是理念指导上与传统教学有很大差异，有些甚至是截然相反的，但这并不意味着对传统的历史课堂教学因素就要全盘否定，应该正确地看待。如讲授法仍然是一种有效的教学方法，在历史课堂教学方法中应该有自己的地位。

评价"好历史课"的目的是促进教师专业发展。"好历史课"对历史教师课堂教学具有一定的示范和引领作用，评出"好历史课"是为了提升更多教师的课堂教学效果，从而实现教师自身素质快速发展，而不是为了对历史教师进行甄别。

历史教师课堂教学评价的内容主要包括以下几个方面：

1. 历史教师结合具体教学课题落实历史课程标准精神，处理教材，确定教学内容、教学目标的质量和水平；

2. 教学活动的组织水平、结构、程序等；

3. 教学效果的质量水平；

4. 教学方法的运用水平；

5. 以上诸项的综合效应。

历史课堂教学专项观察评价旨在评估历史教师的业务素质、教学水平、教学成效，以及帮助教师总结经验、改进教学。

通过对课堂教学评价的专项观察，我们可以及时发现教学中存在的问题和不足，为教师提供改进教学的建议和指导。同时，也可以帮助学生了解自己的学习情况，发现自己的不足之处，从而有针对性地进行学习提升。因此，课堂教学评价的专项观察在历史学科育人的测量评价中具有重要的意义。

教学重点把握水平诊断量表

被诊断人：_____ 性别：_____ 年龄：_____ 学校：_____

课程内容：_____ 执教班级：_____

教师说课与自评：_____

评价项目		评价等级							备注
		A	B	C	D	E	F	G	
设计项目	1. 科学性								
	2. 合理性								
	3. 明确性								
	4. 逻辑性								
实施项目	5. 切入效果								
	6. 展开效果								
	7. 变式效果								
	8. 作业效果								

多媒体辅助教学评价量表

姓名：_____ 性别：_____ 年龄：_____ 学校：_____

课程内容：_____执教班级：_____

教师说课与自评：_____

评价项目		评价等级							备注
		A	B	C	D	E	F	G	
设计项目	1. 图像设计水平								
	2. 资料选辑水平								
	3. 音响效果水平								
	4. 模块组合水平								
	5. 人机对话水平								
使用项目	6. 目的性程度								
	7. 有效性程度								
	8. 适度性程度								
	9. 经济性程度								
	10. 熟练性程度								

诊断人评语：

诊断人：

年　月　日

第三节　试题设计的创新实践

渗透史学方法，体现求真价值

中学历史学科命题应体现求真价值。求真价值是指对事物本质和真实性的追求，对于历史学科来说，就是对历史真实性的尊重和追求。以下是如何在中学历史学科命题中体现求真价值的详细讨论。

首先，历史学科命题应以历史事实为基础。历史事实是历史学科的基石，是历史研究的出发点和归宿。在命题中，应确保所有的问题都基于真实的历史事件，避免任何对历史事实的歪曲或偏离。这不仅体现了对历史真实性的尊重，也是对学生进行真实历史教育的重要方式。例如，当提问关于某一历史事件的问题时，应确保问题的设定和答案的判断都是基于真实的历史记录，而不是基于主观的想象或者片面的理解。

其次，历史学科命题应引导学生深入思考，探究历史事件背后的原因和结果。历史不仅仅是一系列事实的堆砌，更是一种对事实背后规律的探索。在命题中，应设计一些问题来引导学生去思考历史事件的发生原因、发展过程和最终结果，以理解历史的真实脉络。这种类型的问题可以帮助学生从表面的事实进入深层的历史规律，从而更接近真实历史。

再次，历史学科命题应鼓励学生从多角度、多层次去理解和解读历史。历史是多元的，不同的人、不同的角度都可能有不同的理解和解读。在命题中，应设计一些问题来鼓励学生从不同的角度去看待历史，比如从经济、政治、文化等不同的角度去理解同一历史事件，这样可以帮助学生理解历史的复杂性和多元性。

最后，历史学科命题应注重培养学生的历史思维能力。历史思维是理解和解读历史的重要工具，是实现求真价值的关键。在命题中，教师应设计一些问题来检验和培养学生的历史思维能力，比如时间观念、空间观念、历史人物观念等，这样可以帮助学生形成正确的历史观。

中学历史学科命题在体现求真价值方面，应注重以历史事实为基础，引导学生深入思考，鼓励多角度理解，培养历史思维能力。这样不仅可以帮助学生更好地理解和接近历史的真实，也可以培养他们的历史素养，为他们的未来学习和生活打下坚实的基础。

开展多维解读，培养贯通意识

在中学历史教学中，命题是个非常重要的环节。一整套高质量的试题，能够有效地检测学生对历史知识的掌握情况，增强他们的历史观念，提高他们的历史思维能力。培养贯通意识也是命题设计的重要因素之一。贯通意识是指学生能够将所学知识与实际生活、其他学科以及社会现象相联系，形成整体的认知和理解。通过培养贯通意识，可以帮助学生更好地理解历史学科的内涵和意义，提高学习的深度和广度。因此，在教学评价中，开展多维解读和培养贯通意识是至关重要的，可以促进学生的学习效果和能力的全面提升。

考试是对学生学习情况进行全面、客观、准确评估的过程，而多维解读则是指从不同的角度和维度对学生的学习成果进行分析和理解。通过开展多维解读，教师可以更好地了解学生的学习情况，发现学生的优势和不足，并有针对性地进行教学调整和辅导。

在历史教学过程中，我们追求的不仅仅是教授知识，更重要的是培养学生的思维能力和视野，使他们具备前后通、表里通、中外通的贯通意识。在这个过程中，优秀的历史命题应当怎样体现"前后通、表里通、中外通"的多维解读呢？

前后通，就是要把握历史事件的因果关系，理解这些事件在时间线上的前后顺序。在命题时，教师可以设计一些需要学生梳理历史事件顺序、分析因果关系的试题，比如"请简述某一重大事件的发生经过及其对后续历史影响的题目"，帮助学生建立前后通的历史意识。

表里通，就是要透过事实看到其背后的深层含义，理解历史事件的内在动因和深层逻辑。在命题时，教师可以设置一些需要学生理解和分析历史事件背后的社会、政治、经济等各方面因素，理解其深层含义的题目，比如"分析某一历史事件背后的社会动态，解释其产生和发展的内在逻辑"。

中外通，就是要把握中华文化的精神内核，同时要理解世界历史的大趋势，培养国际视野。在命题时，教师可以设计一些需要学生比较中外历史，理解历史事件在全球历史背景下的意义的题目，比如"分析某一历史事件在中外历史中的重要性，解释其对全球历史进程的影响"。

总的来说，历史教学在命题时应注重前后通、表里通、中外通的多维解读，培养学生的贯通意识。让学生在学习历史的过程中，既能从时间轴上理解历史事件的发展脉络，又能透过事实看到历史事件的深层含义，同时能把握中华文化的精神内核，理解世界历史的大趋势，培养国际视野。这不仅能提高学生的历史知识理解能力和历史思维能力，也有助于他们形成开阔的视野，具备全局思考的能力，通过全面、深入、广阔的视角，增强学生的历史理解能力，培养其解决问题的能力，对于他们的个人发展和未来社会发展都有着重要的意义。

落实"双减"要求，体现学以致用

历史考试应遵循正确的政治方向，坚持立德树人的根本任务，按照教育部的要求，依据义务教育历史课程标准要求，充分发挥考试的积极导向。试题应该保持布局高远、厚重大气、鲜活灵动的特点，贴近教学实际，考查主干知识，引领教学重视教材，发展学生核心素养。

1.注重考查主干知识

课程标准是命题的重要依据，依据课程内容要求考查中外历史发展进程中的重要史事、时代特征等主干知识。例如，在测试中国古代史时，可以统一多民族国家发展为主线，考查农业发展、制度创新、边疆管理等内容；中国近代史以民族独立，人民解放为主线，考查"五四运动"、井冈山道路、抗日战争等内容；世界史考查文艺复兴、工业革命、民族解放运动、社会主义运动等内容。

2. 紧密联系教材内容

统编教材是学生学习历史的重要依据，试题应依据教材内容命制。试题大量直接运用教材中的正文、照片、地图等，创设了学生熟悉的答题情境，贴近学生的学习实际。例如，2023年北京市初中学业水平考试，第9题。

9. 对以下示意图理解正确的是（　　　　）

设置澎湖巡检司，隶属江浙行省——泉州路——晋江县	清政府设置台湾府隶属福建省	台湾正式建省，成为一个行省，隶属中央
元代	1684年	1885年

A. 郑成功从荷兰殖民者手中收复台湾

B. 清政府推行垦荒政策，开发西南地区

C. 清政府设置伊犁将军，巩固西北边疆

D. 中央政府不断加强对台湾的有效管辖

该题直接采用了教材正文中中央政府对台湾地区管理的内容构成试题情境，试题侧重考查了教材知识结构。

例如，试题用原始材料创设新情境，考查学生对教材中"五四运动"意义的理解：

一位美国教育家于1919年5月来华，6月他在北京给女儿写信：想想我们国内14岁以上的孩子，有谁思考国家的命运？而中国学生负起政治改革运动的领导责任，并使得商人和各界人士感到惭愧而加入他们的运动，这实在是一个了不起的国家。材料说明这场运动（   ）

A. 以《新青年》作为重要阵地   B. 以先进青年知识分子为先锋

C. 遭到北洋政府的镇压   D. 引发实业救国的热潮

3. 关注学生学习实际

历史学习主要是通过研习历史材料，探讨问题，形成历史认识。试题注重多层次设问，形成学生学习过程与考试解题过程的统一，体现了"教学评"的一致性。

例如，下面有关精准计时、社会需求、科技创新的试题：

材料一：

西汉铜漏——利用滴水造成的水位变化计时，但是随着水位下降，流速变慢，计时有一定误差。

唐朝水运浑象仪——利用水力推动的轮轴机械报时，初步解决了计时误差问题。

北宋水运仪象台——使用擒纵机械系统，计时更加精确。这一技术传入欧洲，推动了西方机械钟表的发展。

（1）依据材料一，概括中国古代计时器的发展特点。结合所学写出宋代另一项科技发明，并说明宋代科技成就的影响。

材料二：

早期的钟表用手工制作，造价不菲，主要功能是装饰和显示主人的身份。19世纪早期，越来越多的人移居城市，在工厂和煤矿做工，按小时领取工资，计时对雇主和工人越来越重要。这一时期钟表生产从家庭作坊向规模化发展，机械化程度提高。某些工厂主致力于生产一种普通工人也能够消费的大众化钟表，并于19世纪中期在市场上取得成功。20世纪初期，由于手表戴在手腕上可以直接看时间，其产量远远超过怀表和口袋表。

——摘编自刘军《瑞士》等

（2）依据材料二，概括钟表使用的趋势。分析19世纪早期到20世纪初期钟表行业发展的原因。

材料三：

原子钟借助原子的天然振动精准计时

20世纪70年代：我国地面天文台在东方红一号卫星发射过程中试验了原子钟技术。此后我国自主研制的原子钟为远洋测量船提供通信、导航等技术支持，并应用于洲际导弹和航天试验。

2006年：我国卫星搭载的原子钟运行，建立起北斗的统一时间系统，提供了更为精准的时间。

2017年：北斗二号卫星导航系统的26台星载国产原子钟稳定在轨运行。原子钟是北斗系统的"心脏"，对我国完全自主建立导航定位系统起到关键作用。

（3）依据材料三并结合所学，谈谈对我国原子钟发展的认识。

该题设问层层递进，考查学生在获取有效信息的基础上，概括特点和趋势，并分析原因和影响；在此基础上，引导学生对问题进行综合分析，形成全面认识。试题情境符合学生课内外常用的学习方式，如绘制示意图、实地考察、问题研讨等。

坚持正确政治导向，体现学史铸魂

中华文明源远流长，成就突出，历史试题应充分体现对中华优秀传统文化的考查。例如：

以下内容表现的是中国古代某一思想家的主张，这位思想家是（ ）

国家治理：为政以德，譬如北辰，居其所而众星共之。

道德规范：己所不欲，勿施于人

A.老子　　　B.孔子　　　C.墨子　　　D.韩非

此题展现了古代先贤的智慧，考查学生对儒家治国理念和个人道德要求的理解，认识中华传统文化的博大精深。

近代中国人民不断进行反侵略斗争，中国共产党是坚强的领导核心，试题应对这段历史进行全面考查。

例如：

中国式现代化是中国共产党领导的社会主义现代化。

材料一：

1840年鸦片战争以后，中国逐步成为半殖民地半封建社会，中华民族遭受了前所未有的劫难。为挽救民族危亡，探索中国现代化之路，各种政治力量轮番尝试，从学习西方技术到引进西方制度的探索，无不以失败告终，没有使中国走上现代化的强国之路。

（1）依据材料一并结合所学，分别指出1840—1919年中国在技术、制度方面探索的史实。总结这一时期现代化探索中的历史教训。

材料二：

中国式现代化道路的实践历程

第一阶段：1919年至1949年，中国共产党团结带领人民进行了艰苦卓绝的斗争，付出了巨大的牺牲和努力，最终建立了人民当家作主的中华人民共和国。这一历史事件为中国的现代化进程奠定了重要的基础，也为实现现代化创造了根本的社会条件。

第二阶段：1949年至1978年，中国共产党领导人民进行社会主义革命和建设，成功建立了独立而相对完整的工业体系和国民经济体系。这些成果为中国的现代化建设提供了根本的政治前提、宝贵的经验、理论准备和物质基础。

第三阶段：1978年至2012年，我国成功实现了从生产力相对落后的状况到经济总量跻身世界第二的重大历史性突破。这一跨越为中国特色的现代化道路提供了充满新的活力的体制保证和快速发展的物质基础。

第四阶段：2012年以来，中国共产党团结带领全国各族人民全面建成小康社会，实现了经济、社会和人民生活水平的显著提升。在不断深化的理论创新和实践创新中，党积极推进和拓展了中国式现代化的建设进程，展现了中国特色社会主义制度的优越性和强大生命力。

（2）依据材料二并结合所学，写出1949年以后，中国共产党为推进中国式现代化在经济方面实行的政策或措施。概括中国式现代化实践历程的特点。

材料三：

中国式现代化与西方现代化的比较

角度	西方现代化	中国式现代化
角度一	发展道路；走殖民扩张的道路。1840年英国对中国发动①战争等。	发展道路：②道路相关史实：提出和平共处五项原则；在联合国维和行动中发挥重要作用；推动构建人类命运共同体。
角度二	相关史实：西方现代化追求财富积累，使大量财富聚集在少数人手里，人们生活水平的差异越来越大。当今美国等西方国家财富的不平等程度已经达到历史最高水平。	相关史实：中国式现代化把实现人民对美好生活的向往作为出发点和落脚点，让现代化成果更多更公平惠及全体人民。历史性地解决了绝对贫困问题。10.2亿人拥有基本养老保险，13.6亿人拥有了医疗保障。

（3）依据材料三并结合所学，将①②处补充完整。比较角度二体现的中国式现代化与西方现代化的不同。

本题通过对早期现代化的史实和教训的追问，以及中国共产党领导中国人民进行新民主主义革命、推进中国式现代化伟大历程的回顾，引导学生鉴往知来，认识到中国共产党团结带领人民实现了民族独立、人民解放，为实现现代化创造了根本社会条件。再如，以爱国主题故事会、北京地区抗日事迹等入题，学生从中可以感悟近现代中国人民为救亡图存而进行的英勇斗争。

新中国成立之后，中国共产党领导人民进行了社会主义革命和建设，取得了伟大成就，试题对此有突出考查。上题还展现了在中国共产党领导下，中国人民在新中国成立后取得的突出成就，使学生认同中国式现代化是我们党领导全国各族人民在长期探索和实践中取得的重大成果。

渗透新课标理念，体现学史增智

历史课程以培养学生核心素养为目标。试题既侧重某一素养的考查，又注重历史课程核心素养的综合考查。

例如下面这道试题：

战国时期，铁制工具的使用进一步推广，使大量荒地得到开垦。开垦者缴纳赋税，田地所有权就可以得到国家承认，新兴地主阶级逐渐壮大。同时，铁制工具在开挖河渠中的使用成就了大型水利工程。以上材料说明（　　）

A. 生产工具的进步推动社会发展

B. 铁制工具完全取代了木石工具

C. 各国变法带来生产工具的改进

D. 水利工程为国家统一创造条件

本题考查铁制工具发展对推动社会发展的作用，体现了唯物史观的基本观点，考查学生是否初步学会在唯物史观指导下看待历史。

某班进行了"小钱币，大历史"跨学科主题学习。一位同学推测下面这枚吉语花钱（铸有吉祥词语，不流通）的出现不早于隋唐时期。以下可作为依据的是（   ）

A. 工匠开始掌握青铜冶炼技术　　B. 这枚钱币采用圆形方孔形制

C. 中央政府统一铸造了五铢钱　　D. 隋唐时期创立并完善科举制

本题要求学生借助所学知识推测文物所处时代，并得出合乎逻辑的解释，综合考查了时空观念、史料实证、历史解释等素养。

学习历史要了解历史发展过程中的各种联系。试题应注重考查学生对古今联系、因果联系、横向联系、中外联系的把握。例如：

马铃薯（土豆）原产于美洲。明代《农政全书》记载："土芋，一名土豆，名黄独；蔓生叶如豆，根圆如鸡卵，肉白皮黄……煮食，亦可蒸食。"我国出现这一记载的历史背景是（   ）

A. 遣唐使来华　　　　　　B. 中世纪城市兴起

C. 封建庄园的衰落　　　　D. 新航路的开辟

本题考查我国明代出现马铃薯记载的世界历史背景，体现了中外历史联系。

单元主题学习和跨学科主题学习能够促进学生学习方式的转变，进一步发展核心素养。试题应体现这一发展方向。例如：

《史记》记载：秦始皇陵地宫中"以水银（汞）为百川江河大海"。考古工作者对皇陵遗址及周边进行汞含量测定，汞含量的高低，成为确定地宫位置的重要依据。这表明（　　　）

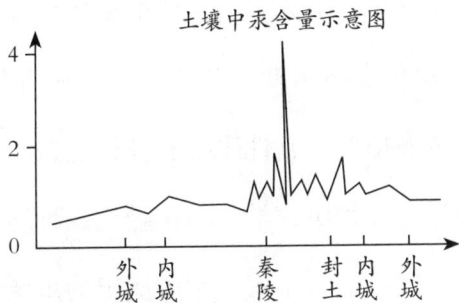
土壤中汞含量示意图

①秦始皇北击匈奴有了考古证据；②秦始皇陵地宫位于外城墙之下；③该成果得益于考古学与化学的结合；④考古发现与文献记载可以相互印证

A. ①②　　　　B. ②③　　　　C. ③④　　　　D. ①④

本题是关于秦始皇陵地宫的位置的确定，融合了历史学科与化学学科的相关知识，初步体现了跨学科主题学习的意识。

后　记

历史学科育人实践旨在培养学生对历史的深入理解，以及培养他们具备正确的历史观念和思维方式，为他们的未来发展打下坚实的基础。通过历史学科的教学和实践活动，学生能够了解并体验历史事件的背景、原因和影响，从而培养批判性思维和分析能力。

在历史学科的学习过程中，学生将接触到各种历史资料，如文字史料、图片、文物等。这些资料不仅是了解历史的重要依据，更重要的是通过对史料的研读和解析，学生能够培养信息获取和分析能力。同时，历史学科育人实践也注重培养学生的批判性思维能力，让他们能够从不同的角度来理解历史事件，并对历史事件进行评价和分析。

历史学科育人实践的目标不仅仅是培养学生对历史的深刻理解，更是为了塑造他们的未来。通过对历史的学习，学生能够从历史中吸取经验和教训，更好地应对当下和未来的挑战。历史告诉我们，历史的重复不仅仅来自外界因素，更来自我们自身对历史的认知和思考。只有通过对历史的深入理解，才能避免历史的重演。

历史学科育人实践注重培养学生的价值观和人文关怀。通过对历史事件的学习，学生能够更好地理解不同文化和民族的差异，培养包容心和尊重他人的思维方式。这样的培养将有助于他们成为具有国际视野和全球意识的公民，为社会的发展和进步作出贡献。

历史学科育人的实践不仅仅是为了了解和认识历史，更是为了塑造未来。只有通过对历史的深入理解和思考，我们才能够更好地面对当下和未来的挑战。历史学科育人实践在培养学生的批判思维、价值观和人文关怀方面发挥着重要作用。相信通过历史学科育人实践的深化，我们能够培养出更多有担当、有责任感、具有创新精神的未来公民，为社会的发展和进步作出更大的贡献。

历史不仅仅是过去发生的一切，更是我们认识和了解世界的重要途径之一。通过历史学科的教学实践，我们能够培养学生的批判性思维、分析能力和价值观，使他们成为具有全球视野和人文关怀的公民。

教师在历史学科教学中的重要作用，不仅仅是知识的传递者，更是学生批判性思维和分析能力的培养者。在进行历史教学时，教师应该注重培养学生对历史资料的理解和分析能力，让他们从中获得启发和思考。

作为历史教师，我们要不断提升自己的学识和教学技巧，不断探索和创新历史教育的方法，为学生提供更好的学习体验。笔者希望通过自己的努力，能够激发学生对历史的兴趣，并帮助他们建立正确的历史观念和价值观。

历史学科育人实践是一个充满挑战和机遇的领域。通过不断实践和反思，我们能够取得更好的教学效果，并为学生的成长和发展贡献自己的力量。我相信，随着历史学科育人实践的不断深化和完善，我们能够培养出更多有责任感、有担当的未来公民，为构建和谐社会作出贡献。